FLORIS HIN/THEO KAMPA
JAAP HILLE

Knoten Fancywork und Spleiße

DEUTSCHE ÜBERSETZUNG
WULF BAROW

DELIUS KLASING VERLAG

Die Deutsche Bibliothek – CIP-Einheitsaufnahme

Knoten, Fancywork und Spleiße / Floris Hin; Theo Kampa;
Jaap Hille. Dt. Übers. Wulf Barow. – 6. Aufl. – Bielefeld:
Delius Klasing, 1995
Einheitssacht.: Knopen, sierknopen en splitsen <dt.>
ISBN 3-7688-0628-6
NE: Hin, Floris; Kampa, Theo; Hille, Jaap; Barow, Wulf [Übers.]; EST

6. Auflage

ISBN 3-7688-0628-6

Printed in Italy 1995
by Grafiche Editoriali Padane, Cremona

Um das Aufsuchen der verschiedenen Knoten, Steke, Spleiße usw. zu erleichtern, wurde ein alphabetisches Inhaltsverzeichnis gewählt. Die Zahlen in Klammern hinter den Zwischentiteln weisen auf die Abbildungen hin; und zwar bedeutet die letzte Ziffer die Nummer des Fotos, die vorderen Ziffern geben die Seiten an. Beispiel: (91) – Foto Nr. 1 auf Seite 9; (201) – Foto Nr. 1 auf Seite 20; (1132) – Foto Nr. 2 auf Seite 113.

Ein Buch über Knoten und Spleißen zu schreiben gleicht einem Sprung ins Ungewisse. Die Materie ist dermaßen weitläufig, die Fülle der Knoten so groß, daß man nicht umhin kann, eine Auswahl zu treffen: eine Handvoll Gebrauchsknoten zu einem Strauß Spleiße, garniert mit ein paar Zierknoten.

Die Auswahl wurde nach dem Prinzip: „Vom Einfachen zum Schwierigen" und „Vom Gebrauchs- zum Zierknoten" getroffen. Andererseits habe ich mich auch vom fertigen Knoten als Ganzes leiten lassen, wie er sich als Kunstwerk präsentiert. Insofern weicht der Aufbau dieses Buches bewußt vom herkömmlichen Schema ab. Mein Leitgedanke war die Absicht, dem Leser den universellen Charakter des Knotens nahezubringen, so daß dieses Buch unter anderem auch dazu anregen könnte, sich für die Bestimmung des Knotens in Religion, Schwarzer Kunst, Magie und Überlieferung zu interessieren. Obendrein nennt das Buch Knoten als dekoratives Element in alten Handschriften und Ornamenten. Auch können Knoten Gegenstand der bildenden Kunst sein sowie Zier- und Nutzfunktion in textilen Arbeitsformen erhalten.

Die meisten Fotos sprechen für sich, ausführliche Texterläuterungen sind meistens nicht notwendig oder, wenn möglich, kurz gehalten.

Gelegentlich erhält der Leser aus dem Foto und dem Begleittext eine Anleitung, wie der Knoten, der Spleiß oder die Flechtung aus vorher behandelten Beispielen zusammengestellt werden kann. Für manch einen wird es eine Offenbarung sein, welche Kreativität und welches Gefühl für Gebrauchswert und Schönheit zugleich im Umgang mit Tauwerk zu entwickeln in der Lage ist.

Bei der Verwirklichung dieses Buches wurde mir von vielen Seiten Hilfe zuteil, ohne daß sich die Beteiligten im einzelnen dessen immer bewußt sein dürften: Peter Kühne von „Marlow Rope" und J. Wethman von der Firma Lankhorst, die mir die Anschaffung des benötigten Tauwerks ermöglichten; Elly de Bruijn und Marijke Kampa, denen ich die charmante Präsentation einiger Zierknoten und Plattings verdanke; Wim de Bruijn, der mich mit seinem unerschütterlichen Vertrauen stets aufs neue ermunterte und bei der Stange hielt und zugleich seine Verlagskollegen von UNP fortwährend von der Richtigkeit und dem guten Gelingen des Unternehmens zu überzeugen wußte; Thatsiri, nicht wissend um meine Existenz, dessen Kunstobjekt „Einfacher Knoten" in Utrecht mir eine nie versiegende Quelle der Anregung war; und natürlich Keke, die zwei lange Jahre meine Grillen ertragen mußte, in einer Wohnung, in der in jeder Ecke Berge von Tauwerk lagerten und wo man mit jedem Schritt buchstäblich über Knoten stolperte.

Floris Hin
Amsterdam, im Februar 1982

Vorwort zur 4. Auflage

Auf allgemeine Anregung wurde der Inhalt des Buches anläßlich der 4. Auflage erweitert. Es wurden noch mehr Fancywork aufgenommen sowie ein paar seemännische Tauwerksarbeiten, die zum Teil zugleich auch schmückende Wirkung haben.

Ich danke Wim de Bruijn, der mich hierzu ermunterte, und Keke, die erneut vieles ertragen mußte, und glaube, daß das Buch dem Leser nun noch mehr Freude und Gewinn bietet.

Floris Hin
Amsterdam, im Juli 1988

Werkzeug

A. Der Marlspieker ist ein konischer Dorn, mit dem beim Spleißen und Knoten die Kardeele besser angehoben werden können. Aber auch als Hebel ist er unentbehrlich, um steifgekommene Knoten und Steke leichter aufzubrechen und festsitzende Schäkel zu öffnen, falls zumindest der Schäkelbolzen ein nicht zu kleines Auge hat. Marlspieker bestehen im allgemeinen ganz aus Metall. Je nach dem Material, wofür er gebraucht wird, muß er mehr oder weniger gehärtet sein, denn beim Spleißen modernen Drahttauwerks wird man einen härteren Marlspieker benötigen als beim Tauwerksspleiß. Die Abbildung zeigt einen Niro-Marlspieker mit Schäkelöffner, der auch auf Schäkelbolzen ohne Auge paßt.
B. Der große Marlspieker, auch Marlpriem genannt, hat einen Handgriff aus Holz oder Kunststoff. Bisweilen ist er auch in einem Stück geschmiedet, um durch erhöhte Griffigkeit größere Hebelwirkungen und -kräfte zu erzielen. Im übrigen dient er demselben Zweck wie der Marlspieker normaler Größe. Ein Anwendungsbeispiel zeigt Foto 511.
C. Der Marlpriem mit Hohlkehle aus Stahl mit einem Griff aus Holz oder Kunststoff ist besonders wertvoll beim Spleißen von Drahttauwerk. Aber auch für die Bearbeitung sehr steifgeholter Knoten und Steke und sehr harten Tauwerks leistet er gute Dienste. Man sollte darauf achten, daß die möglicherweise scharfen Kanten der Hohlkehle nicht die Fasern und Garne beschädigen. Notfalls greift man zu Feile und Schmirgelpapier und entschärft die Kanten. Anwendungsbeispiele zeigen die Fotos 511 und 621.
D. Ein Fitt ist ein dem Marlspieker ähnlicher konischer Dorn aus Hartholz, der ausschließlich für Arbeiten mit vor allem dickeren Tauwerk und Segeltuch verwendet wird.
E. Ein größerer Fitt, der für besonders starkes Tauwerk bestimmt ist. Fitts gibt es in allen Größen. Sie müssen, damit man richtig damit arbeiten kann, auf zwei Drittel Länge, von der Spitze her gesehen, etwa dieselbe Stärke haben wie das verarbeitete Ende. Es gibt sie aus vielerlei Material: Hartholz, Eschenholz, Nylon, andere Kunststoffe, Nirostahl, Elfenbein, Leichtmetall, Geweihsprossen.

Die Handhabung des Marlspiekers, Hohlpriems und Fitts.

Will man einen Kardeeltampen unter einem anderen Kardeel hindurchstecken, muß man erst eine Öffnung mit dem Marlspieker oder Priem herstellen. Entgegen der allgemein üblichen und mancherorts beschriebenen Methode ist es praktischer, den Marlspieker dem unterzusteckenden Kardeeltampen entgegenzuführen. Der Vorteil dieser Arbeitsweise ist, daß der Kardeeltampen in der von der anderen Seite her geöffneten Keep eine stets weiter werdende Öffnung vorfindet und dadurch leichter durchzustecken ist. Besonders praktisch ist es, einen Hohlpriem wie in Foto 511 und 621A zu benutzen. Das durchzusteckende Kardeel wird in die Hohlkehle geführt, mit dem Daumen darin festgehalten und so unter den angehobenen, festen Kardeel herausgezogen und steifgeholt.
Manchmal wird es notwendig sein, mit massivem und hohlem Marlspieker gleichzeitig zu arbeiten, wenn etwa die Öffnung unter dem festen Kardeel nicht zu groß geraten darf, weil der Stek oder Spleiß besonders fest werden soll. Dann werden beide Marlspieker gegeneinandergesteckt, der massive in den hohlen, und so das feste Kardeel eben ausreichend angehoben (511B). Ein guter Rat: Marlspieker, Hohlpriem und Fitt werden immer mit der Spitze vom Körper und auch von der anderen Hand fort geführt. Läßt sich dies nicht einrichten, gilt es besonders vorsichtig zu sein. Nichts ist ärgerlicher und sinnloser als eine Verletzung aus Unachtsamkeit.
F. Das Messer muß ein gut in der Hand liegendes Heft sowie eine breite und vor allem scharfe Klinge haben. Dafür lohnt es sich, immer einen Wetzstein oder ein Brettchen mit aufgeleimten, äußerst feinem Schmirgelpapier im Werkzeugkasten zu haben. Die breite Klinge erleichtert das Durchtrennen von dickem Tauwerk, sie schert nicht so leicht aus. Ein gerader Messerrücken ist praktisch beim Falten eines Saumes in Segeltuch. Eine Klinge aus nichtrostendem Stahl bleibt zwar schön glänzend, wird jedoch wegen der relativen Weichheit des Materials schnell stumpf; besser ist eine aus Klingenstahl. Die Klinge gegen Anlaufen und Rost zu schützen, gibt es mehrere Methoden: regelmäßig benutzen, bearbeiten mit Poliermittel (geseifte Stahlwollknäuel) oder einfetten.
Segel(klapp-)messer mit Marlspieker haben einen großen Nachteil: Die Klinge kann zuschnappen — wenn gerade die Finger dazwischensitzen. Obendrein kann man den Marlspieker nicht so einfach mit der Handfläche hinten auf dem Heft von sich wegdrücken, es schmerzt zu sehr.
G. Als Schere nimmt man am besten einen modernen Allesschneider, der ausschließlich für dünnes Tauwerk und Segeltuch, keinesfalls jedoch für dickes Tauwerk und Metalldraht verwendet wird. Bei dickem Tauwerk können die Scherenblätter auseinan-

derbiegen und bei letzterem beschädigt werden. Das würde die Schere stumpf und damit ungeeignet zum Durchtrennen von dünnen Garnen machen.

H. Die Kombizange ist das Allroundwerkzeug, das vor allem beim Durchziehen von Kardeelen und Segelnadeln unentbehrlich ist, wenn die Fingerkraft allein nicht ausreicht. Viele Segelmacher benutzen auch eine Spitzzange mit runden Backen.

I. Eine Rohrzange mittlerer Größe dient demselben Zweck wie die Kombizange.

Wenn in einem starken Ende die Kardeele besonders steif durchgeholt werden sollen, kann man auch einen Schraubstock zu Hilfe nehmen. Dazu klemmt das betreffende Kardeel dicht am Knoten fest ein und setzt den Marlspieker als Hebel zwischen Schraubstockbacken und Knoten. Nun hebelt man den Knoten vom Schraubstock hoch und holt damit das Kardeel äußerst steif durch.

J. Der Segelhandschuh, den es für Rechts- und Linkshänder gibt, ist der „Fingerhut" des Segelmachers und Schiemanns. Er wird wie ein Handschuh übergestreift, wobei die geriffelte Druckplatte, mit der die Segelnadel durch das Tauwerk oder das Segeltuch getrieben wird, auf der anatomisch günstigsten Stelle, dem Handballen, liegt. Segelhandschuhe kennt man in diversen Ausführungen: Der Segelmacher beispielsweise benutzt eine leichtere Form mit breiter Ledermanschette, so daß er sich beim Anholen des Segelgarns nicht so leicht die Handkante und den kleinen Finger einschneidet. Für schwere Tauwerksarbeiten wird eine schmalere, schwere Ausführung benötigt.

K. Segelnadeln gibt es in verschiedenen Größen. Sie richten sich nach der Stärke des verwendeten Segelgarns, und dieses wiederum wird von der Stärke des bearbeiteten Segeltuchs oder Tauwerks bestimmt. Die Größen werden mit Nummern 7 bis 18 angegeben, wobei eine höhere Nummer eine dünnere Nadel für leichteres Tuch oder dünneres Tauwerk kennzeichnet. Der Yachtskipper wird meist die Größen 15 oder 16 benötigen, für die gröberen Arbeiten 12 oder 14.

Zur sicheren und trockenen Aufbewahrung der zwar hochglanzpolierten, aber nicht rostfreien Nadeln kann man sich in Heimarbeit einen zweckmäßigen Köcher basteln aus einem Stück Kupferrohr mit einem fest eingeschlagenen Holzpfropfen als Boden und einem losen Holzstopfen als Verschluß. So können die Spitzen nicht beschädigt werden, und die Nadeln sind ordentlich aufbewahrt. Zusätzlich ein paar Körner Silicagel halten die Feuchtigkeit fern.

L. Geteertes oder ungeteertes Takelgarn, Hüsing, wird aus Flachs, Hanf oder Kunstfaser gesponnen und zu zwei- oder dreikardeeligem Garn geschlagen. Der Durchmesser variiert, je nach Verwendungszweck, zwischen einem halben und drei Millimetern. Man braucht es zum Segelnähen und zum Anbringen von einfachen oder genähten Taklingen.

M. Die Frage, ob man Natur- oder Kunstfasergarn verwenden soll, wird durch das bearbeitete Material selbst beantwortet. Schließlich bestehen beide Materialien nebeneinander, und man sollte auf jeden Fall dasjenige Garn wählen, das zum jeweiligen Segeltuch oder Tauwerk paßt.

N. Klebeband wird als kurzzeitiger Taklingersatz benötigt. Um zu verhindern, daß die Kardeele beim Spleißen und Stecken von Zierknoten aufdrüseln, umwickelt man die Kardeeltampen am besten mit Abdeckklebeband, möglichst von der glatten Sorte, wie es Maler benutzen zum Ziehen einer sauberen, geraden Kante.

O. Tesafilm ist recht praktisch, um vor allem bei dünnem Tauwerk das Aufdrüseln der Tampen zu verhindern.

P. Eine Scheide für das Messer (f), die Kombizange (h), den Marlspieker (a) und den Hohlpriem (e) ist als Schutz vor Verletzungen und als Aufbewahrungsmöglichkeit nützlich. In Wassersportläden ist dieses Set erhältlich in den Ausführungen I: Messer, Kombizange, Marlspieker ohne Schäkelöffner in einer ledernen Scheide, II: Messer und Marlspieker mit Schäkelöffner in einer ledernen Scheide.

Weiterhin sind die folgenden nicht abgebildeten Gegenstände von Nutzen: ein Gasfeuerzeug zum Anschmelzen von Kunststofftampen; ein altes Küchenmesser, in der Flamme erhitzt, für denselben Zweck (Segelmacher und Tauhändler benutzen dafür einen Schnellötkolben, dessen schneidenförmige Lötspitze auf Knopfdruck in Sekundenschnelle sehr heiß wird), ein Stahlkamm zum Auskämmen von ausgefransten Tampen hinter einem Zierknoten.

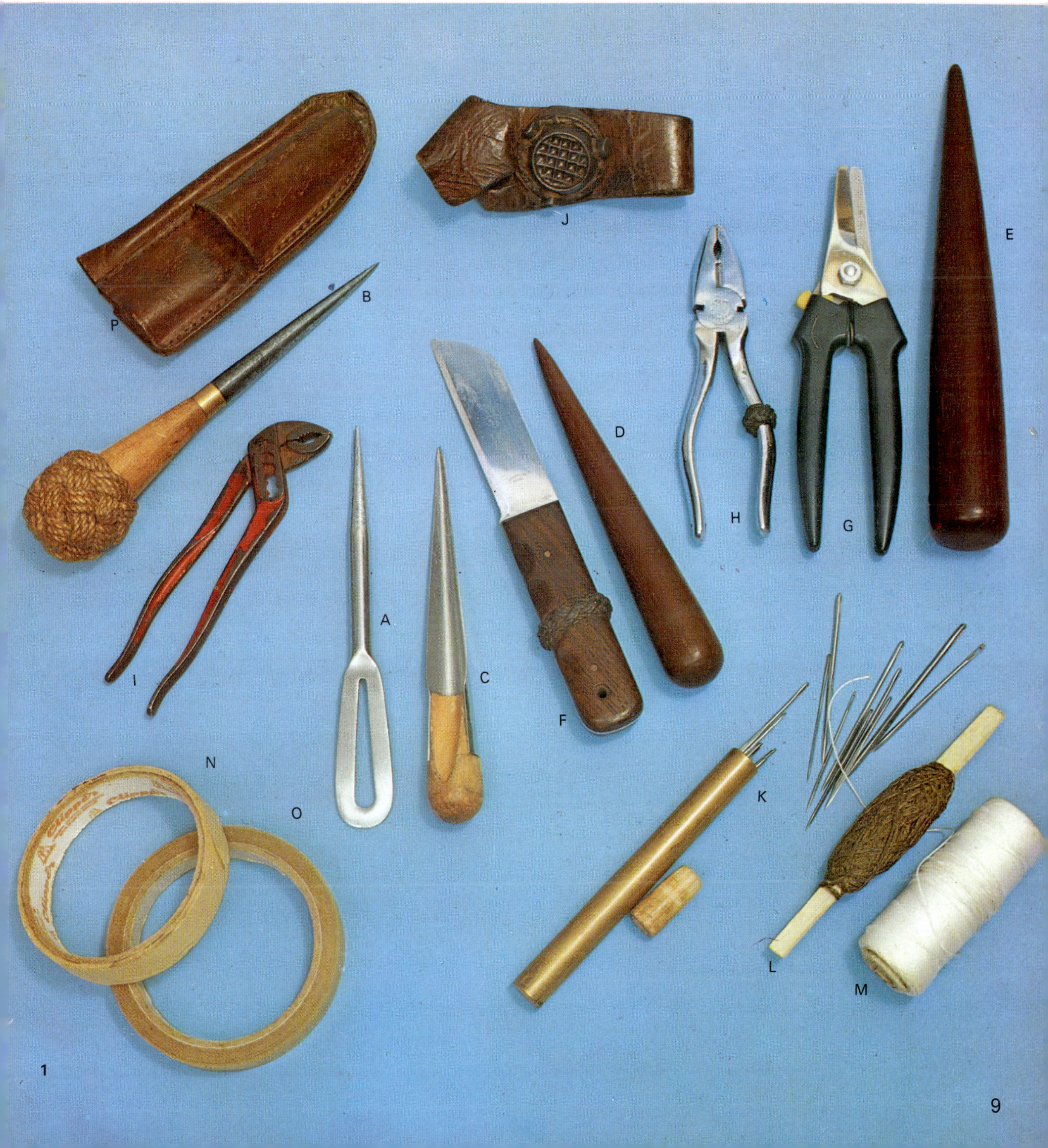

1

Tauwerk

Hanf (101)

Eine der seit altersher in der Seefahrt verwendeten Tauwerksarten ist Hanftauwerk. Hanf zählt zu den stärksten Naturfasern, hat aber einen schwerwiegenden Nachteil: Es ist sehr witterungsanfällig.

Da Hanftauwerk in der Seefahrt kaum noch verwendet wird, ist es auch nur selten erhältlich, und zwar in den Ausführungen (geteert und ungeteert): dreikardeelig, vierkardeelig mit und ohne Seele, geschlagen und geflochten. Beim Kauf sollte man darauf achten, daß die Faserstruktur gut sichtbar ist. Sieht das Tauwerk sehr glatt und rund aus, wurde bei der Herstellung gespart und auf der Spinnmaschine und in der Reepschlägerei zuviel Grus und Abfall mitverarbeitet. Daß dies der Festigkeit nicht gerade zugute kommt, läßt sich denken. Hanftauwerk muß sorgfältig aufbewahrt werden, will man länger etwas davon haben. Am besten wird es frei vom Boden und von Wänden in zirkulierender Luft und obendrein möglichst im Dunkeln, jedenfalls nicht in direktem Sonnenlicht, aufgehängt. Die Festigkeit von Naturhanf, geteertem Hanf und Manila verhält sich etwa wie: 1:0,75:0,8.

Manila (102). Manila ist wie Hanf eine Naturfaser, die zwar mit diesem das Schicksal teilt, von der Kunstfaser weitgehend verdrängt worden zu sein, die jedoch, vor allem auf restaurierten älteren Segelschiffen und anderen maritimen Oldtimern, noch verhältnismäßig häufig anzutreffen ist. Daß es ungeachtet der etwa 20 % geringeren Bruchfestigkeit gegenüber Hanftauwerk diesem vorgezogen wird, liegt einerseits an seiner höheren Witterungsbeständigkeit, zum anderen an der Tatsache, daß es auch in dickeren Stärken erhältlich ist.

Polypropylen (103). Standen Berufsschiffahrt und Yachtsport dem Kunstfasertauwerk anfangs noch skeptisch gegenüber, mit der Entwicklung des Polypropylens kam der große Umschwung. Denn die Industrie ist inzwischen in der Lage, Tauwerk aus Polypropylen herzustellen, das äußerlich

Polyäthylen (111). Tauwerk aus Polyäthylen ist äußerst dehn- und verformbar und hat obendrein eine glatte Oberfläche; alles Gründe, warum es sich schlecht knoten läßt. Nach dem Lösen eines Knotens oder Steks bleiben die Buchten im Tampen noch lange Zeit bestehen. Die Folge davon ist, daß sich das Ende schlechter aufschießen und überhaupt schwieriger handhaben läßt. Man bekommt die Buchten und Kinken wieder heraus, wenn man das Ende an einem sonnigen Tag längere Zeit stramm gespannt der Sonne aussetzt. Dadurch erhält es seine gerade Struktur zurück und wird wieder etwas handiger.

---

praktisch nicht mehr von Hanf, Sisal oder Manila zu unterscheiden ist. Zwar ist es anfälliger gegen Schamfilen, weswegen diesem Problem erhöhte Aufmerksamkeit geschenkt werden muß, aber es rottet nicht, wenn es feucht verstaut wird, und es ist bei vergleichbarem Durchmesser viele Male stärker.
Ultraviolette Strahlen, also Sonnenlicht, beschleunigen die Alterung des Materials, wodurch es weniger bruchfest wird. Die Beimengung von dunklen Farbpigmenten mildert diesen Nachteil jedoch.

Polyester (112). Andere Markennamen für dieses Material sind Terylen und Dacron. Es zählt nicht nur zu den stärksten Tauwerksarten, sondern zeichnet sich obendrein durch seine sehr geringe Dehnbarkeit aus. Da es mit bestimmten Behandlungsverfahren möglich ist, diese geringe Dehnbarkeit noch weiter herabzusetzen, ist Polyestertauwerk vor allem dort von großem Nutzen, wo es auf diese Eigenschaft ankommt: Fallen für sämtliche Segel und Schoten für Starkwindsegel. Geflochtenes Polyestertauwerk hat das Aussehen und die Griffigkeit traditioneller Baumwollschoten. Aber Vorsicht ist geboten: Eine Polyesterschot durch die Hand schießen zu lassen, kann einem unangenehme Brandblasen einbringen.

Polyamid (113). Polyamid ist allgemein bekannt unter seinem Markennamen Nylon. Es ist der Pionier unter den synthetischen Fasern, die sich zur Verspinnung und zur Tauwerksfabrikation eignen. Darin ist wohl auch die Erklärung für die Tatsache zu suchen, daß sich dieser Name im allgemeinen Sprachgebrauch so festgesetzt hat. Der Laie nennt jede Kunstfaser Nylon, wenngleich die Tauwerksindustrie unter einer Vielzahl doch noch fünf deutlich unterschiedliche Materialien kennt, von denen vier in dieser Übersicht kurz beschrieben werden.
Polyamid, also Nylon, hat eine besonders hohe Bruchfestigkeit und ist enorm dehnbar; Eigenschaften, die es für Festmacherleinen besonders geeignet machen, da es stoßartige Belastungen weich aufzufangen in der Lage ist. Diese Elastizität ist ein Nachteil beim Knoten und Spleißen. Als Sicherung müssen zusätzlich halbe Schläge gelegt und Spleiße untergesteckt werden.
Unter dem Einfluß von Sonnenlicht wird Polyamid hart. Bei hoher Belastung entsteht durch innere Reibung im Faserbereich Wärme, die das Material ebenfalls erhärtet.

		Spezifisches Gewicht	schwimmfähig	Feuchtigkeitsaufnahme bei Untertauchen in Wasser	feuchtigkeitsempfindlich	Beständigkeit gegen Verrotten	säureempfindlich	ultraviolettempfindlich	Fließgrenze	Schmelzpunkt	Beständigkeit gegen Schamfilen	Dehnung in % bis zum Bruch
1	**BAUMWOLLE**	>1	nein	hoch	ja	sehr gering	ja	ja	verbrennt		gering	
2	**SISAL**	1,25	nein	hoch	ja	sehr gering	ja	ja	verkohlt verbrennt		mäßig	±13
3	**MANILA**	1,5– 1,5	nein	hoch	ja	(sehr) gering	ja	ja	verkohlt verbrennt		mäßig bis schlecht	13
4	**HANF**	>1,5	nein	hoch	ja	geteert: mäßig ungeteert: gering	ja	ja	verkohlt verbrennt		gering	
5	**POLYETHYLEN (PE)**	0,95	ja	25 % vom Gewicht	nein	gut	nein	ja	100– 120° C	130° C	dünnes Tauwerk gering, dickeres Tauwerk mäßig	20– 30
6	**POLYPROPYLEN (PP)** dreikardeelig geschlagen	0,91	ja	20 % vom Gewicht	nein	gut	nein	ja, helle Farben	135° C	165° C	dünnes Tauwerk gering, dickeres Tauwerk mäßig	±15
7	**POLYPROPYLEN (PP)** geflochten	0,91	ja	20 % vom Gewicht	nein	gut	nein	ja, helle Farben	135° C	165° C	dünnes Tauwerk gering, dickeres Tauwerk mäßig	±15
8	**POLYESTER (PES)** dreikardeelig geschlagen	1,38	nein	50 % vom Gewicht	nein	gut	nein	sehr gering	230° C	230– 260° C	mäßig	±10
9	**POLYESTER (PES)** doppelt geflochten	1,38	nein	50 % vom Gewicht	nein	gut	nein	sehr gering	230° C	230– 260° C	mäßig	±10
10	**POLYAMIDE (PA)** geflochtene Flaggenleine	1,14	nein	60 % vom Gewicht	nein	gut	ja, löst sich in Salzsäure auf	ja, dünnes Tau	180– 235° C	195– 265° C	mäßig	bis ±30
11	**POLYAMIDE (PA)** dreikardeelig geschlagen	1,14	nein	60 % vom Gewicht	nein	gut	ja, löst sich in Salzsäure auf	ja, dünnes Tau	180– 235° C	195– 265° C	mäßig	bis ±30
12	**ARAMIDE** Kevlar oder Twaren mit geflochtenem Polyestermantel	1,41	abhängig von der Materialzusammenstellung	kaum	nein	sehr gut	ja	ja	verkohlt bei etwa 500° C		sehr schlecht	± 4
13	High Tech **POLYETHYLEN (PE)** Dyneema/Spectra-Kern mit geflochtenem Polyestermantel	0,97	ja	kaum	nein	gut	nein	nein	135° C	150° C	gut	± 3

Bruchfestigkeit nasser Zustand gegenüber trockenem Zustand	Restbruchfestigkeit mit Knoten	kp Bruchfestigkeit bei Durchmesser in mm															
		2	3	3,5	4	5	5,5	6	7	8	9	10	12	14	16	18	20
		20	25	x	55	65	x	100	x	190	x	275	400	525	x	x	x
105 %		Im allgemeinen hat die beste Sisalsorte die gleiche Bruchfestigkeit wie Manila															
105 %		x	x	x	125	200	x	270	350	480	x	635	935	1280	1800	2200	2850
86 %		x	x	x	155	200	x	280	x	500	x	715	1000	1355	1900	2200	2975
	± 60 %	x	x	x	190	285	x	410	540	740	x	1050	1440	1975	2625	3300	4085
100 %	± 55 %	x	x	x	225	400	x	530	700	915	x	1380	1930	2625	3355	4300	5165
100 %	± 55 %	Im allgemeinen etwas geringer als bei dreikardeeligem Tauwerk, jedoch abhängig von der Flechtweise															
100 %	± 50 %	x	x	x	285	390	x	570	760	985	x	1515	2190	3000	3890	4960	6200
100 %	± 50 %	Gleiche oder höhere Bruchfestigkeit als bei dreikardeeligem Tauwerk, abhängig von Flechtweise und Zusammensetzung des Materials															
90 %	± 60 %	150	200	x	300	500	x	780	x	1300	x	1950	2700	3600	4800	x	x
90 %	± 60 %	x	x	x	340	525	x	750	1000	1350	x	2080	3000	4100	5300	6700	8300
95–100 %	nicht knoten ± 35 %	Dies sind mittlere Werte; der genaue Wert ist abhängig von der Zusammensetzung des Materials															
		x	x	400	550	700	850	1100	1600	2250	2700	3500	6500	7000	9500	12000	15000
	sehr glatt ± 40 %	Dies sind mittlere Werte; der genaue Wert ist abhängig von der Zusammensetzung des Materials															
		x	400	x	520	780	x	1500	x	2500	x	4000	5500	7500	10300	x	x

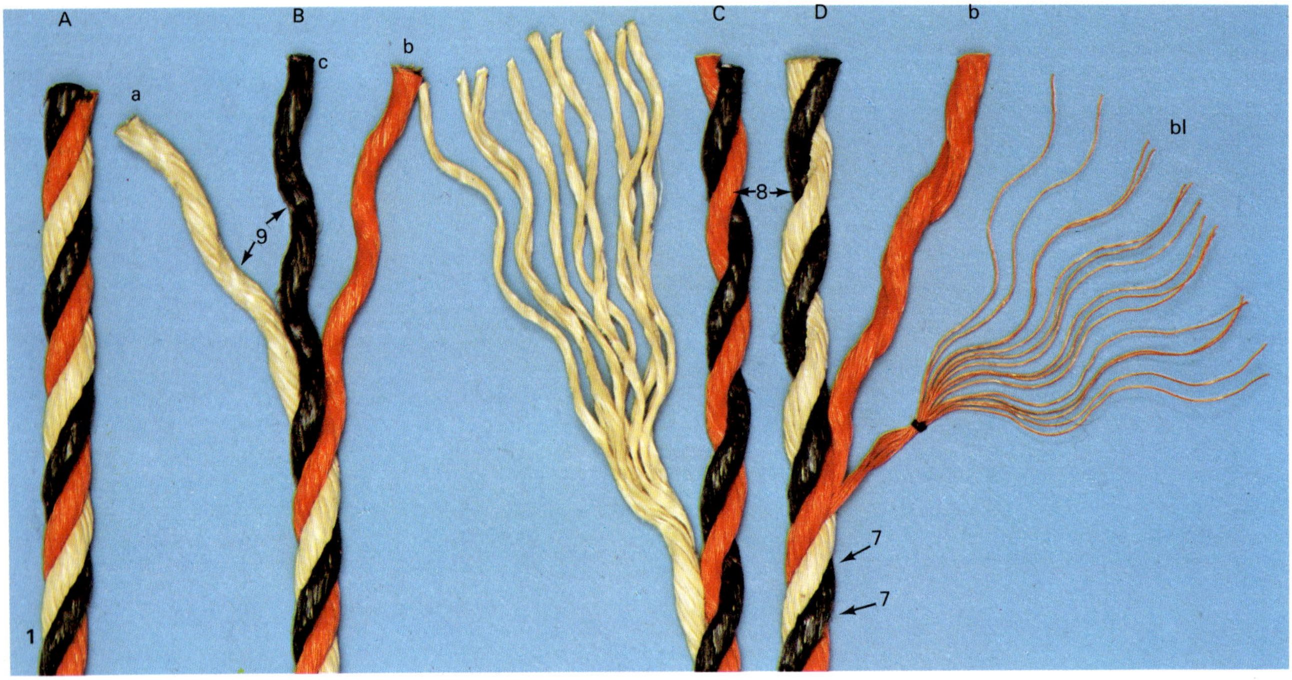

Beschaffenheit des Tauwerks (141)

A: Trossenschlag. Drei Kardeele sind rechts herum zu einem Ende geschlagen, das heißt mit einer „Schraubenrichtung" wie übliches Rechtsgewinde,
B: die drei einzelnen Kardeele a, b und c,
C: neun Garne (die Anzahl hängt von der Taustärke ab) linksgeschlagen zum Kardeel, siehe linkes gelbes Kardeel Ca,
D: 15 Fasern (die Anzahl hängt von der Garnstärke ab) rechts herum zum Garn gesponnen.

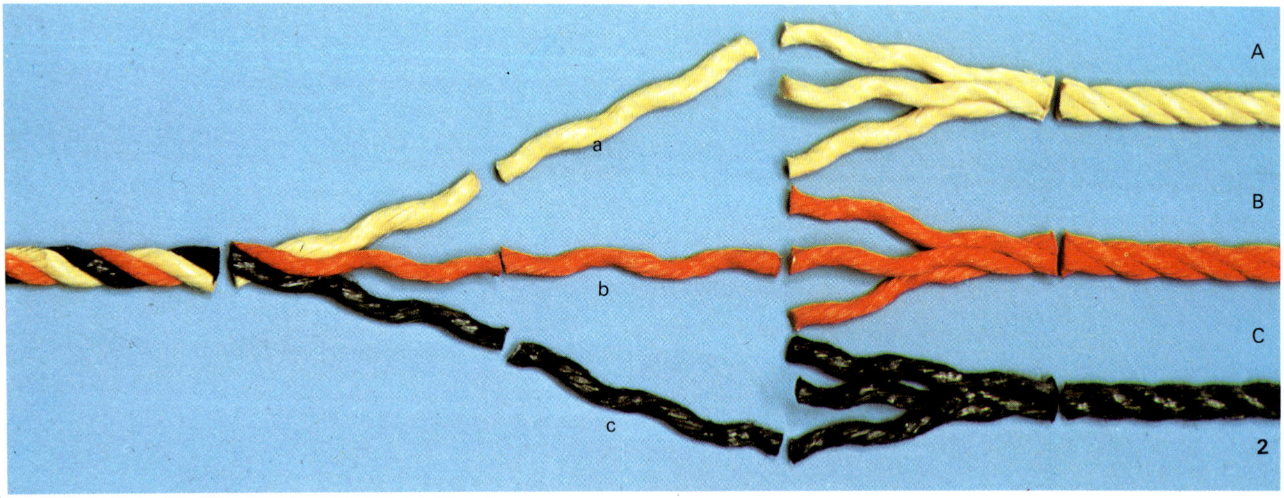

Dreifarbentauwerk (142)

Um eine optimale Deutlichkeit in den Abbildungen zu erzielen, wurde „selbstgeschlagenes" Mehrfarbentauwerk verwendet. Man nehme drei verschiedenfarbige Enden (142 A, B, C) und drehe aus ihnen jeweils ein Kardeel heraus (142 a, b, c). Da die Kardeele hierbei ein wenig von ihrem Drall einbüßen, müssen sie beim Schlagen zu einem neuen dreifarbigen Ende ihrerseits linksherum steifgedreht werden. Dann fügen sie sich mit ihrer Schraubenform willig ineinander zu einem normalen rechtsgeschlagenen Ende.
Um eine Wuling (Durcheinander) zu vermeiden, nehme man keine allzu langen Enden, zweieinhalb Meter von jeweils einer Farbe ist das Äußerste.

Bezeichnungen, Begriffe (151)

- Feste Part (151A1 und 151B1)
- eine offene Rundung heißt Bucht (151A2)
- eine geschlossene Rundung heißt Auge (151A3 und 151B3)
- Tampen (151A4 und 151B4)
- der Tampen ist die lose Part, mit dem gearbeitet wird (151A5)
- die Vertiefung zwischen zwei nebeneinanderliegenden Kardeelen heißt die Keep oder Keepe (141D7). Eine Kardeel hat ihrerseits Törns (die Schraubenform), ebenso das Garn und die Faser. Der Raum, den ein herausgedrehtes Kardeel frei gemacht hat, heißt ebenfalls Keep (141C8, wo das gelbe Kardeel – a – und 141D8, wo das orangefarbene Kardeel – b – gelegen hat).

Zum Verständnis der Fotos (151)

Um Überschneidungen und den Lauf der Tampen deutlich hervorzuheben, wurden bei Herstellung und Aufbau der Fotos 2 Methoden angewendet:
Die Tampen sind mit einem kontrastfarbenen Klebeband „getakelt", damit man sie bis zum fertigen Knoten verfolgen kann (151A).
Beim Belegen auf einer Klampe oder einem Belegnagel arbeitet man meistens nicht mit dem Tampen, sondern weiter zur Mitte der betreffenden Leine. Hier wurde zur Verdeutlichung der überschüssige Teil der Leine abgetrennt und mit einem kontrastfarbenen Klebeband gekennzeichnet.
Bei Überschneidungen wurde ein Höchstmaß an Deutlichkeit angestrebt, indem Tauwerk aus verschiedenfarbigen Kardeelen verwendet wurde.

1

Takling (161)

Um zu verhindern, daß der Tampen eines Endes ungewollt aufdrüselt, bringt man einen Takling an. Mit einiger Übung arbeitet man gleich von der laufenden Rolle und schneidet das Garn erst ab, wenn der Takling fertig ist.
Ob der Takling gegen die Schlagrichtung der Leine oder im selben Sinne gewickelt wird, hat sich in der Praxis als bedeutungslos erwiesen. Sollte das Garn Kinken schlagen (bei F, G, H, I), wird es mit dem Marlspieker oder dem Finger straff gehalten. Wenn man das Garn vorher über einen Kerzenstummel oder ein Stück Bienenwachs zieht, geht die Arbeit besser. Die Länge des Taklings soll etwa eineinhalbmal der Durchmesser des Tampens sein. Dieser einfache Takling ist nur ein Behelf. Vor allem bei Nässe und verschiedenem Material löst er sich schnell wieder vom Tampen.

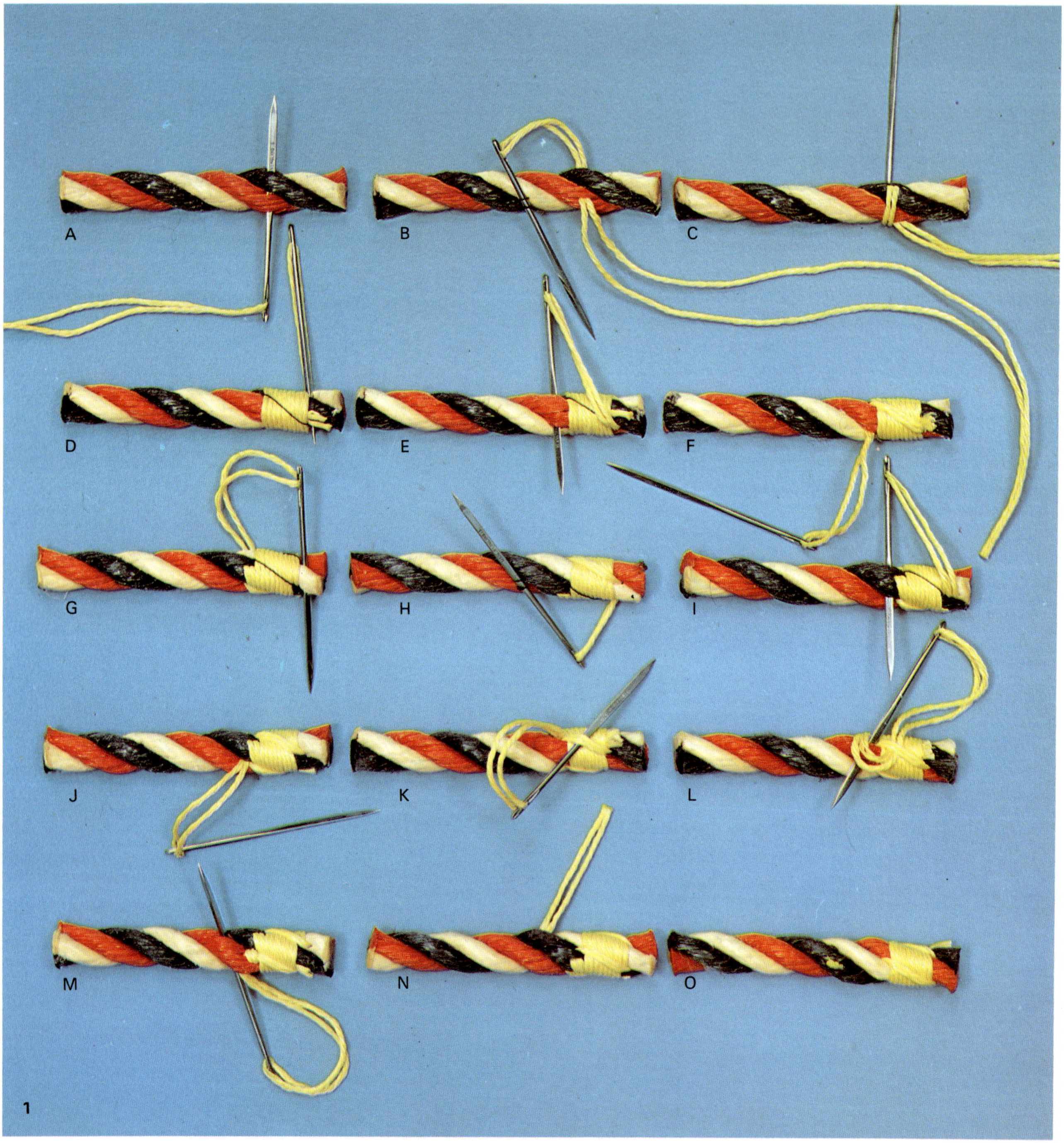

1

Genähter Takling (181)

Dieser hat gegenüber dem einfachen Takling den Vorteil, daß die Törns mit Kreuzschlägen in den Keepen bekniffen werden (schwarze Streifen in D, E, G, H, I) und daß das Takelgarn quer unter den Kardeelen durchgeführt wird. Zum Schluß wird das Garn nach einem halben Schlag (L) noch dreimal hin und zurück durch den Tampen genäht (M). Da der genähte Takling vor allem zur Sicherung eines glatten Tampens gegen weiteres Aufdrüseln dient, wird er etwas länger genommen als der einfache Takling.
Ebenso wird bei geflochtenem und doppelt geflochtenem Tauwerk (Schoten und Fallen) ein genähter Takling gesetzt. Hierbei können die Kreuzschläge zwar nicht in Keepe gelegt werden, dennoch werden sie kreuzweise über die Länge des Taklings genäht. Dabei werden Kern und Mantel fest miteinander verbunden. Sonst würde sich der Mantel am geschmolzenen Tampen vom Kern lösen und nach hinten rutschen.

Bändsel (191)

Um in einem geflochtenen Tampen oder Ende ein Auge herzustellen, wird ein Bändsel gesetzt. Zuerst werden die beiden Parten mit drei bis vier Stichen gegeneinandergenäht (A, B, C). Nach einigen Rundtörns (C, D) wird das Garn quer über sie hinweg und zwischen die Parten geführt und steifgeholt. Dann wird der Tampen des Garns im Ende versteckt und gekappt.
Ein solches Bändsel muß etwa eineinhalb- bis zweimal so lang sein, wie das Ende dick ist.

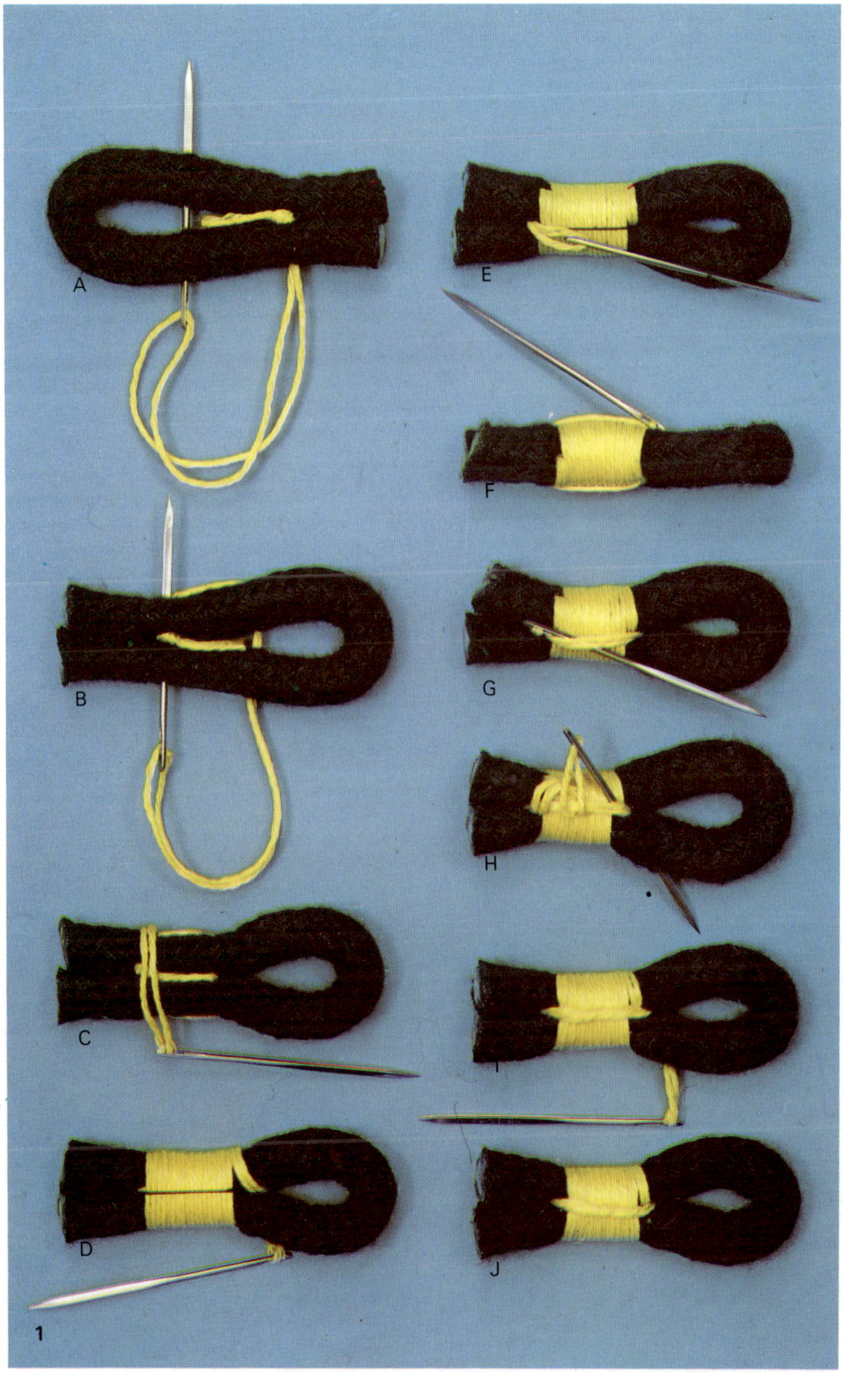

1

1

Halber Schlag (201, 202)

Der halbe Schlag ist ein Stopperknoten, der ein Ende griffiger machen soll, beispielsweise die Startschot vom Windsurferrigg (202). Auch verhindert er das Ausscheren eines Tampens aus einem Ring, einem Auge oder Gatchen. Er läßt sich, vor allem naß, nur sehr schwer oder gar nicht wieder lösen.

2

Achtknoten (211, 212)

Gegenüber dem halben Schlag hat der Achtknoten zwei Vorteile: Er ist zweckmäßiger, weil er größer ist, und er bekneift sich nicht so. Kommt sehr viel Kraft auf den Knoten, ist er im Gegensatz zum halben Schlag einigermaßen leicht wieder zu lösen. Am häufigsten kommt er in den Tampen von Schoten vor.

1
A
B
C
D

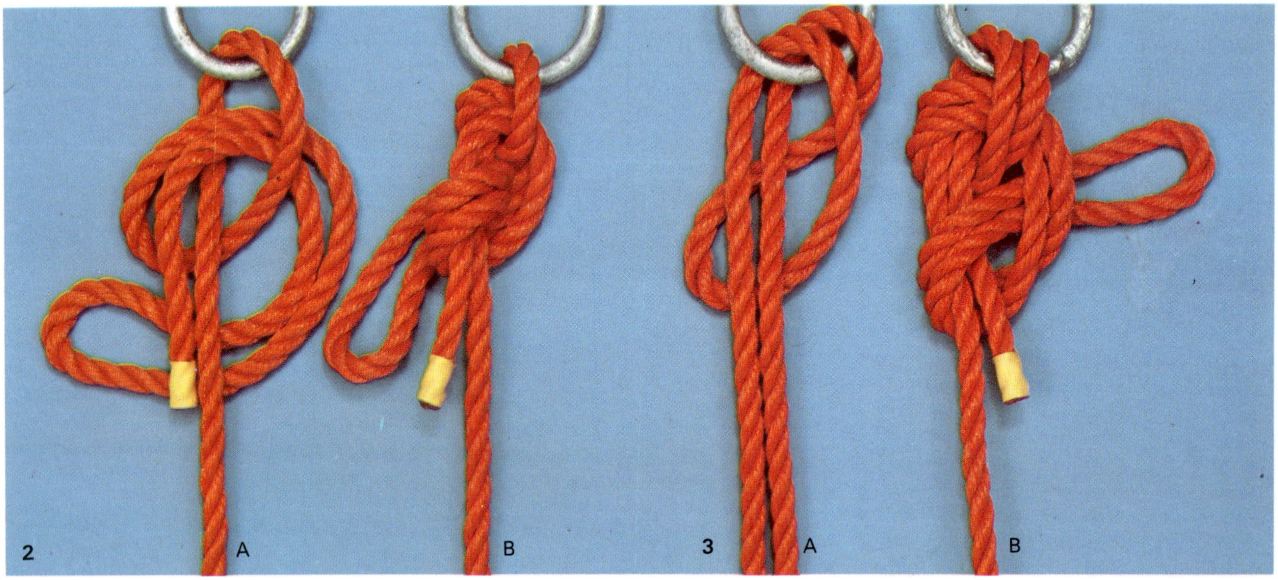
2
A
B
3
A
B

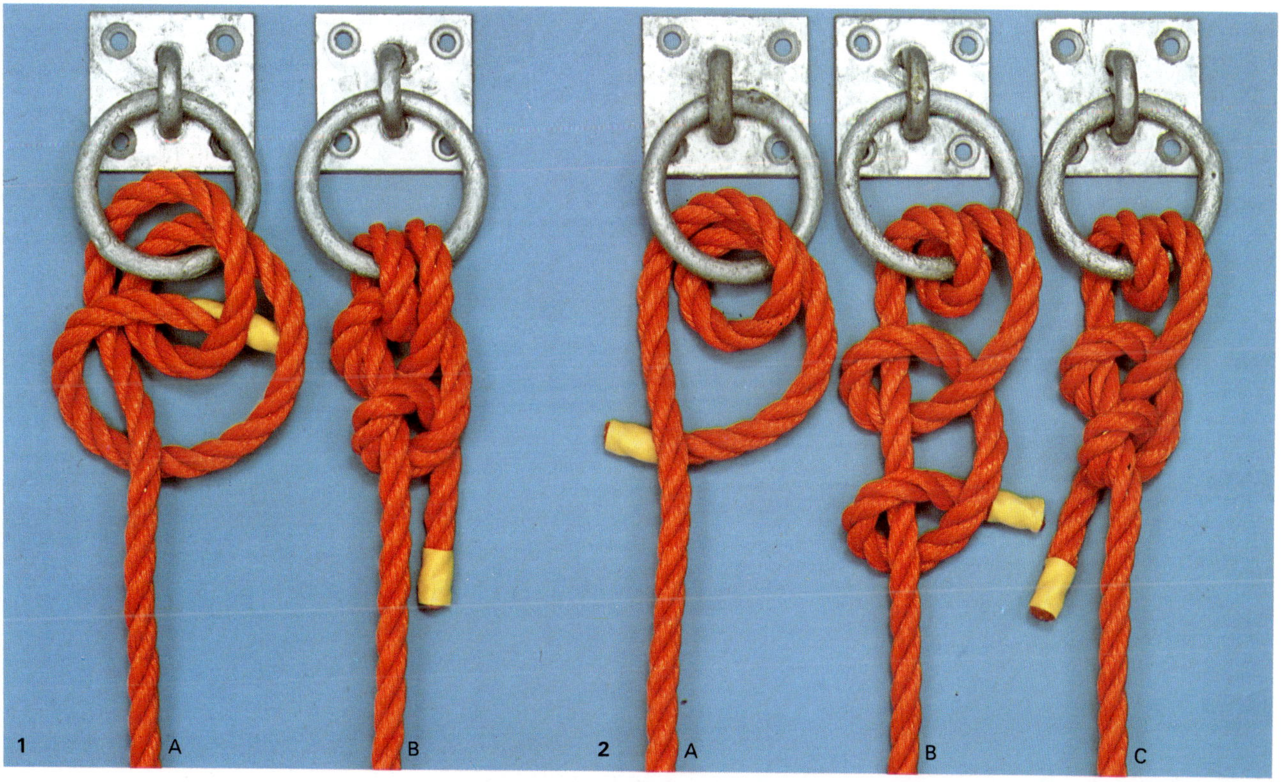

Zwei halbe Schläge (221 A, B, C, D); Slipstek und doppelter halber Schlag (222 A, B); zwei doppelte halbe Schläge (223 A, B); Roringstek mit einem halben Schlag (231 A, B); Rundtörn mit zwei halben Schlägen (232 A, B, C und 233).

Diese Knoten und Steke gleichen sich alle, lediglich ihr Anfang ist der jeweiligen Verwendung angepaßt. Am bekanntesten ist der „Zwei-halbe-Schläge"-Stek. Um ihn später einfacher lösen zu können, führt man den ersten halben Schlag als Slipstek mit einer langen Bucht aus und macht mit dieser Bucht auch den zweiten halben Schlag (222A). Um ein Ende an einem Ring anzustecken eignet sich auch der Roringstek. Wird damit eine Ankertrosse an den Roring (Ankerring) befestigt, bändselt man den

1

Tampen bei. Dieses Bändsel wird einfach aus einigen Rundtörns mit einem Kreuzknoten hergestellt. Es verhindert, daß sich der Knoten ungewollt löst.

2 falsche halbe Schläge (233)

Dieser Stek kann sich, wenn Kraft darauf kommt, festziehen. Er dient zum vorübergehenden Anstecken der Schot ans Schothorn.

Webeleinenstek (241 A, B; 251 C, D; 242, 243)

Früher, zur Zeit der Großsegler, wurden mit diesem Stek die Webeleinen an den mittleren Wanten (als Zwischenabstützung) befestigt. Heute ist er als Festmacherknoten um Poller oder Pfahl sehr beliebt.

Normalerweise werden bei rechtsgeschlagenem Tauwerk die Törns auch rechtsherum genommen. Nicht so auf den Fotos 241 und 251, dort ist nämlich die schrittweise Entwicklung des Steks von links nach rechts gezeigt, und da wäre der Stek hinter dem Pfahl verborgen geblieben. Auf den unteren Fotos 242, 243 liegen die Rundtörns richtig.

Der erste Rundtörn mit dem Tampen (a) wird unterhalb der festen Part (b) gelegt (241A), der zweite oberhalb (241B, 251C). Wird darauf nicht geachtet, ist der zweite Teil des Knotens umständlich zu machen. Außerdem läßt er sich dann nicht mehr so einfach lösen.

Zum Schluß wird mit dem Tampen ein halber Schlag um die feste Part gelegt (251D). Er dient als Sicherung gegen selbständiges Losekommen des Webeleinensteks, wenn das Schiff durch Wind- und Welleneinwirkung am Steg arbeitet.

2

3

1

Stopperstek (252)

Soll ein Ende an der stehenden Part eines anderen (gleichstarken oder stärkeren) Endes so befestigt werden, daß es nicht in der Zugrichtung slippt, wird der Stopperstek gesteckt. Beispiele: Fangleinen an Wanten, Masten und Relingstützen, Befestigung der Rah bei Luggersegeln (Optimist u.a.), die Flaggenleine am Flaggenstock, der Tampen der Flagge am Flaggenstock, eine Vorleine an einer Schlepptrosse beim Schleppen mehrerer Boote, kurzum, überall wo ein Ende, worauf Kraft kommt, an Rundhölzer und andere stärkere Enden gesteckt werden soll, ohne zu slippen.

Man kann diesen Stek auch als Webeleinenstek mit einem zusätzlichen Rundtörn stecken. Nach einem Auge (252A) wird ein Rundtörn zwischen ihm und der stehenden Part gelegt (252 B, C), bevor der Stek wie ein Webeleinenstek beendet wird (252 D, E, F). Ist die Schlepptrosse (a) oder die Spiere sehr glatt, kann man zwischen den Phasen (252B) und (252D) noch einige weitere Rundtörns legen (252G). Um die Sicherung gegen Slippen zu erhöhen, legt man abschließend noch einige halbe Schläge um die stehende Part.

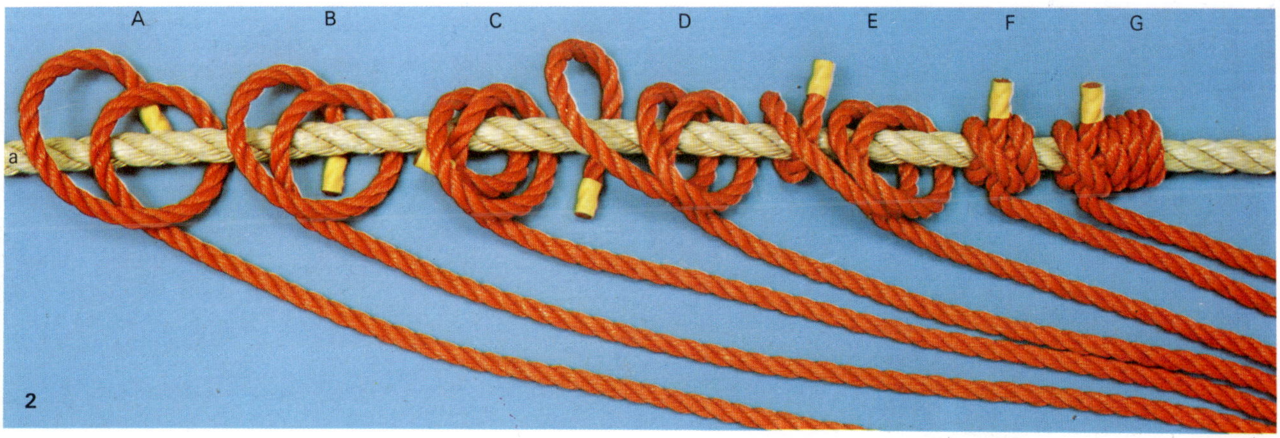

2

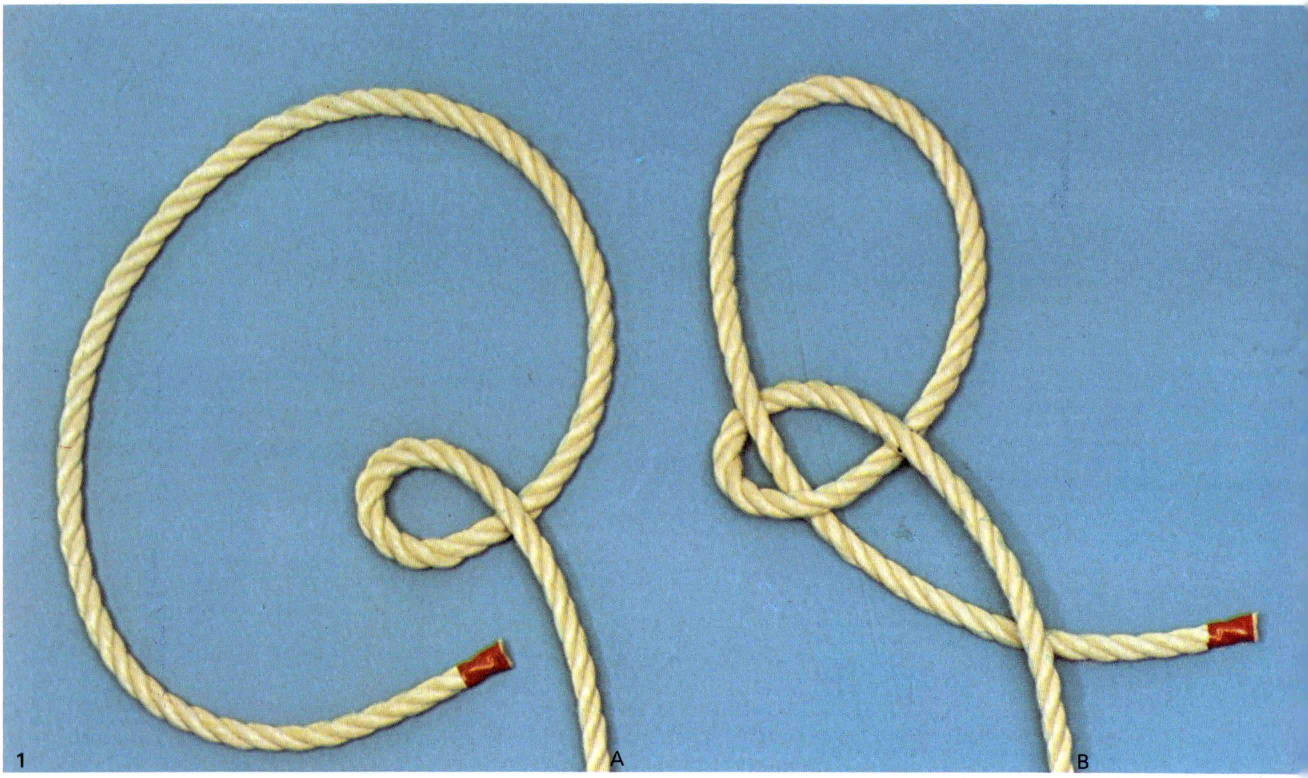

Palstek (261, 271)

Um in einer Festmacher- oder Schleppleine ein nicht slippendes Auge zu bekommen, legt man einen Palstek. Die Fotos 261 und 271 bedürfen keiner weiteren Erklärung.

Andere Anwendungsmöglichkeiten: Zum Verlängern einer Schlepp- oder Ankertrosse eignen sich zwei ineinandergesteckte Palsteke. Statt mit Schäkeln kann man Schoten an Vorsegeln mit diesem Knoten anschlagen (272). Absolute Sicherheit (auch bei glattem Tauwerk) wird erreicht, wenn mit dem Tampen (a) noch ein oder zwei halbe Schläge in das Auge (b) gelegt werden. Bergsteiger sichern sich auf diese Weise.

Falscher Palstek aus einem Achtknoten mit doppelten Parten (273)

In glattem Tauwerk oder in dünnen Leinen hält dieser Knoten gut und ist auch nach starker Belastung ziemlich leicht wieder zu lösen. Beispielsweise läßt sich die Sorgleine an den Sicherheitsgurt auf diese Art anstecken.

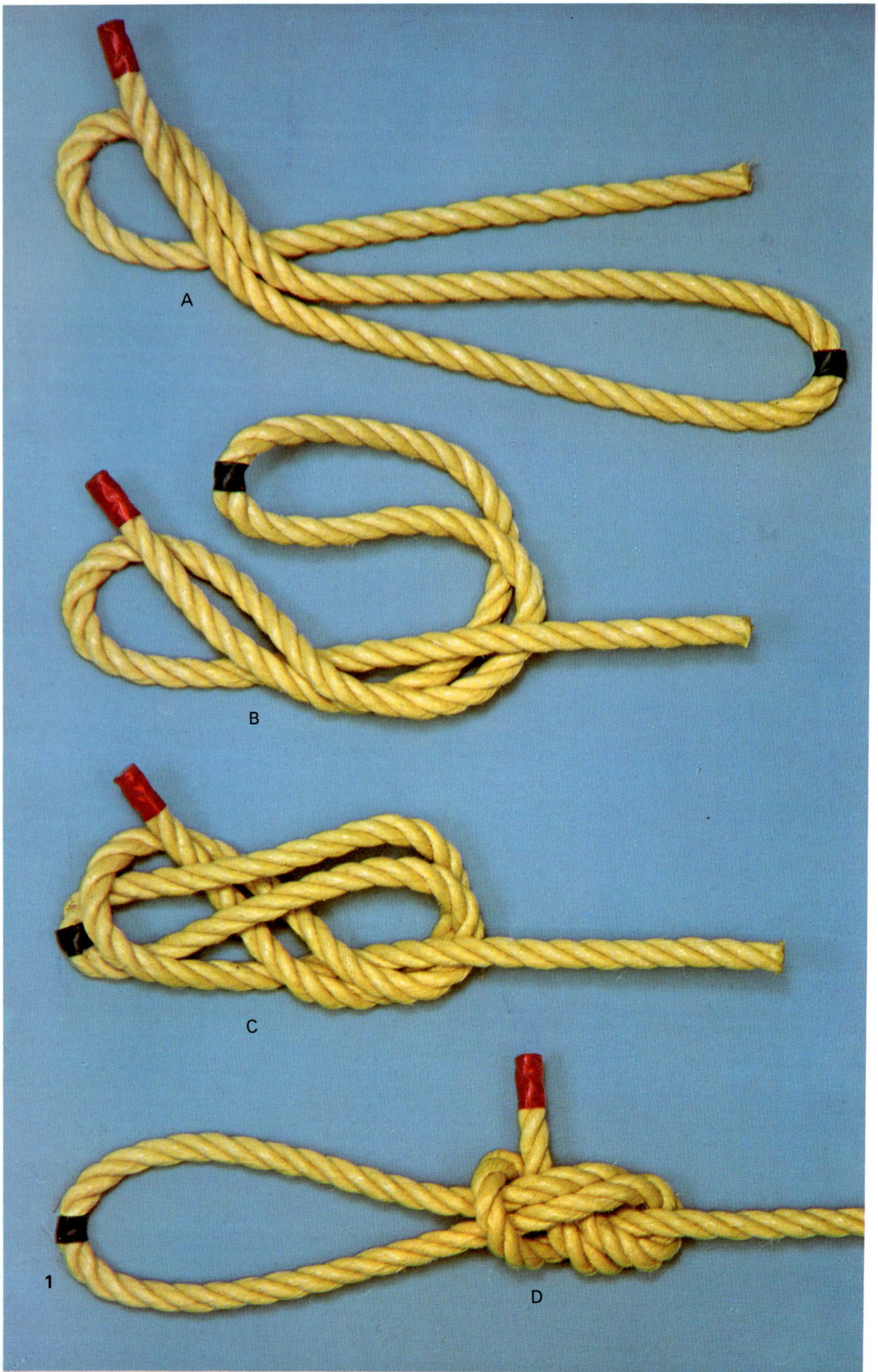

Falscher Palstek mit einer Bucht (281)

Während der falsche Palstek nach (273) keine lose Part hat und daher mitten in eine Leine gesteckt werden kann, muß dieser Knoten in den Tampen der Leine gesteckt werden. Angler benutzen ihn gern, um ein Auge in ihre glatte und dünne Angelschnur zu bekommen.

Doppelter Palstek (291)

Das einzige Problem beim Legen des doppelten Palsteks kann sich in Phase C ergeben, wenn das große (schwarze) Auge über den ganzen Stek geholt und das kleine doppelte Auge (a) durchgezogen werden muß. Anwendungsbeispiele: ein Auge in einer Festmachertrosse, die mittschiffs über einen Poller gelegt und deren zwei Tampen als Vor- und Achterspring ausgebracht werden; als provisorischer Bootsmannsstuhl, wobei das äußere Auge als Sitz, das innere als Rückenlehne dient. Der Palstek wird an die Körpermaße des Benutzers angepaßt und der Tampen (a) mit zwei halben Schlägen um die stehende Part (b) gesichert.

A
B
C
a
b
a
D
E

1

Kreuzknoten (301)

Zwei Enden gleicher Stärke können mit dem Kreuzknoten aneinandergesteckt werden, der sich allerdings sehr fest zusammenziehen kann. Um ihn wieder zu lösen, zieht man am Tampen und an der stehenden Part desselben Endes in entgegengesetzter Richtung, also entweder (a) und (b) oder (c) und (d). Eine Eselsbrücke zum Stecken des Kreuzknotens: „Was oben ist, muß oben bleiben, was unten ist, muß unten bleiben"; das heißt, nach dem ersten Überhandknoten bleiben die beiden Tampen (a) und (c) für den zweiten Überhandknoten in derselben Position.

Ist das Tauwerk sehr glatt, wird der Kreuzknoten durch ein oder zwei halbe Schläge auf jeder Seite gesichert. Da er seit altersher zum Zusammenstecken der Reffbändsel benutzt wird, heißt der Kreuzknoten auch Reffknoten.

2

Kreuzknoten mit Slipstek (302)

Wenn man beim Stecken des Kreuzknotens bei der Situation 301C in einen der beiden Tampen eine Bucht legt (wie in 311A), erhält man den Kreuzknoten mit Slipstek. Dieser Knoten ist schnell und einfach zu lösen und wird überall dort angewandt, wo etwas vorübergehend, aber dennoch verläßlich festgelascht oder gezurrt werden muß; also nicht benutzte Spieren, Staken oder Bootshaken, Ankertrossen und Anker an Deck. Auch werden Zeisinge, die vorzugsweise aus Baumwolle sein sollten, auf diese Weise gesetzt.

Kreuzknoten mit beidseitigem Slipstek (311)

Dieser Knoten ist jedermann bekannt unter dem Namen „Schleife", da er täglich beim Schuhezuschnüren benutzt wird. Sollte die Schleife, etwa bei glattem Tauwerk, nicht zuverlässig halten, zieht man die Buchten durch und erhält den normalen Kreuzknoten.

Einfacher (321 I) und doppelter (321 II) Schotstek

Dies ist die weitaus sicherste und schnellste Methode, um zwei verschieden starke Enden zusammenzustecken. Wichtig dabei ist, daß jeweils in den stärkeren Tampen die Bucht gelegt und mit dem dünneren der Stek gesteckt wird. Ob das zuerst unter der stehenden Part oder unter dem Tampen der stärkeren Part zu geschehen hat, darüber streiten sich die Experten noch. Die Praxis hat gezeigt, daß es für das Haltevermögen des Schotsteks unwesentlich ist.

1

Einfacher (331) und doppelter (332) Fischerknoten

Ein zweckmäßiger Knoten, um zwei dünne Enden aneinanderzustecken. Fischer wenden ihn beim Netzeflikken und beim Zusammenstecken von Fischergarn an. Für glatte, massive Angelschnur eignet sich der doppelte Fischerknoten; er ist eine Alternative zum Kreuzknoten, der bei glatter Nylonsaite nicht hält.

2

1

Trossenstek (341)

Zwei schwere Festmacher oder Schlepptrossen werden mit dem Trossenstek zusammengesteckt. Die beiden Tampen (a) und (c) *müssen* anschließend an ihre jeweiligen stehenden Parten gebändselt werden (e). Dadurch hält sich die Verdickung der Trosse durch den Stek in Grenzen, so daß sie über eine Winsch oder durch eine Klüse geholt werden kann.
Der Stek läßt sich einfach lösen, wenn die Bändsel durchtrennt werden.

2

Doppelter Trossenstek (351, 342 – 352)

Der doppelte Trossenstek hält überhaupt nur, wenn die beiden Tampen (a) und (c) an ihre stehenden Parten beigebändselt werden (e). Er ist die Grundform des zweipartigen Diamantknotens (381/391). Bei Makramee und anderen Flechtarbeiten kommt er als dekorativer Knoten häufiger vor und hat dann so romantisch klingende Namen wie Josephine-, Isabella- oder Victoriaknoten.

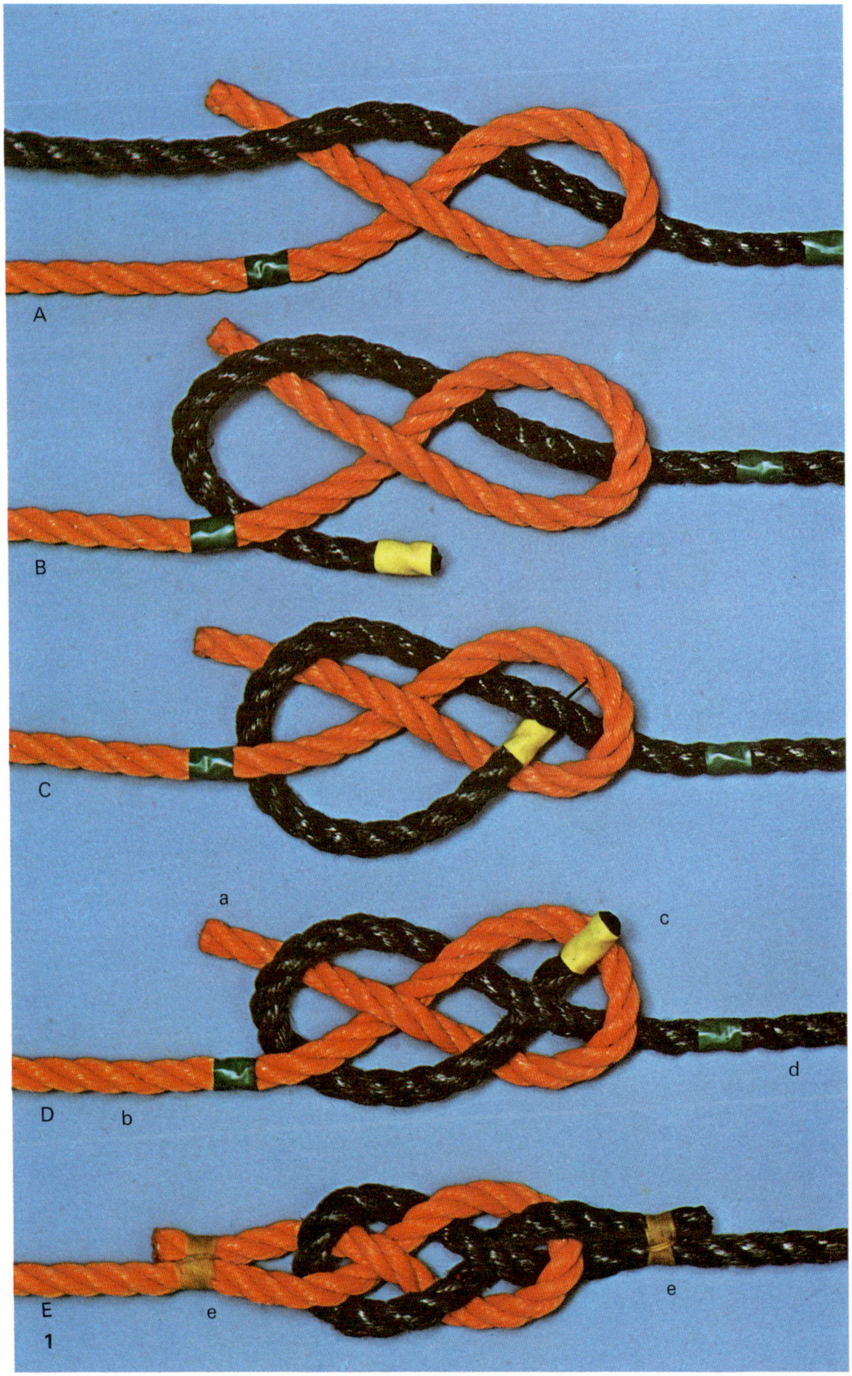

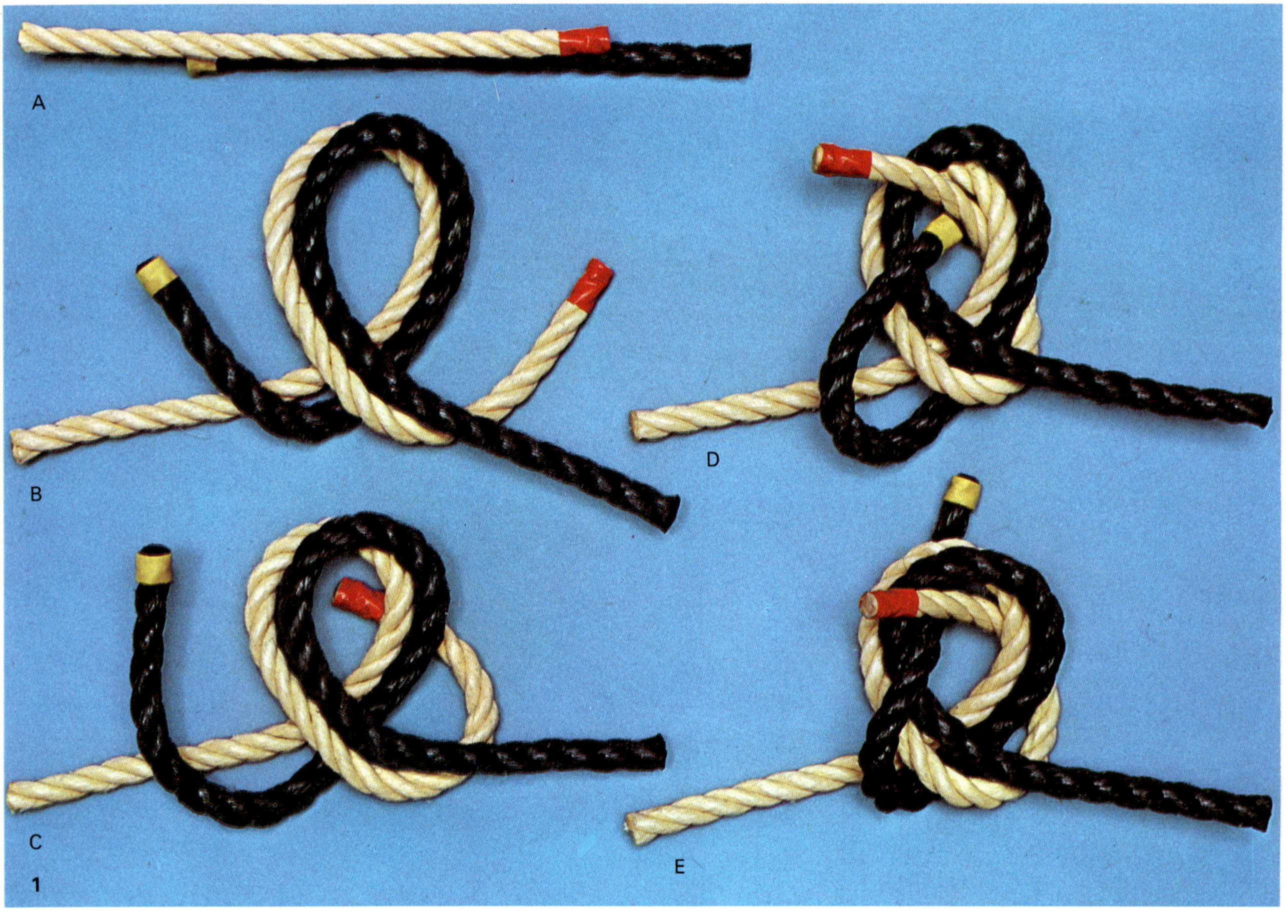

1

Hunterstek (361/371)

Dieser Stek stammt ausnahmsweise nicht aus alter Seefahrerszeit, vielmehr wurde er im Jahre 1978 vom englischen Arzt Edward Hunter an die Öffentlichkeit gebracht. Mit dieser Alternative zum Schotstek lassen sich zwei Enden aus synthetischem glattem Material sicher und auch gut lösbar aneinanderstecken. Zwar ist der Anfang (361 A bis E) einfach, der weitere Arbeitsablauf jedoch wird etwas komplizierter. Darum sind die einzelnen Phasen in kurzen Abständen (371 F bis M) dargestellt.

Die Fotoserie zeigt deutlich, wie der Knoten während des Durchholens der Parten um die Längsachse der stehenden Parten gedreht wird. Auf diese Weise durchgeholt sieht der Hunterstek an der Vorderseite aus wie auf Foto L. Die Rückansicht zeigt Foto M.

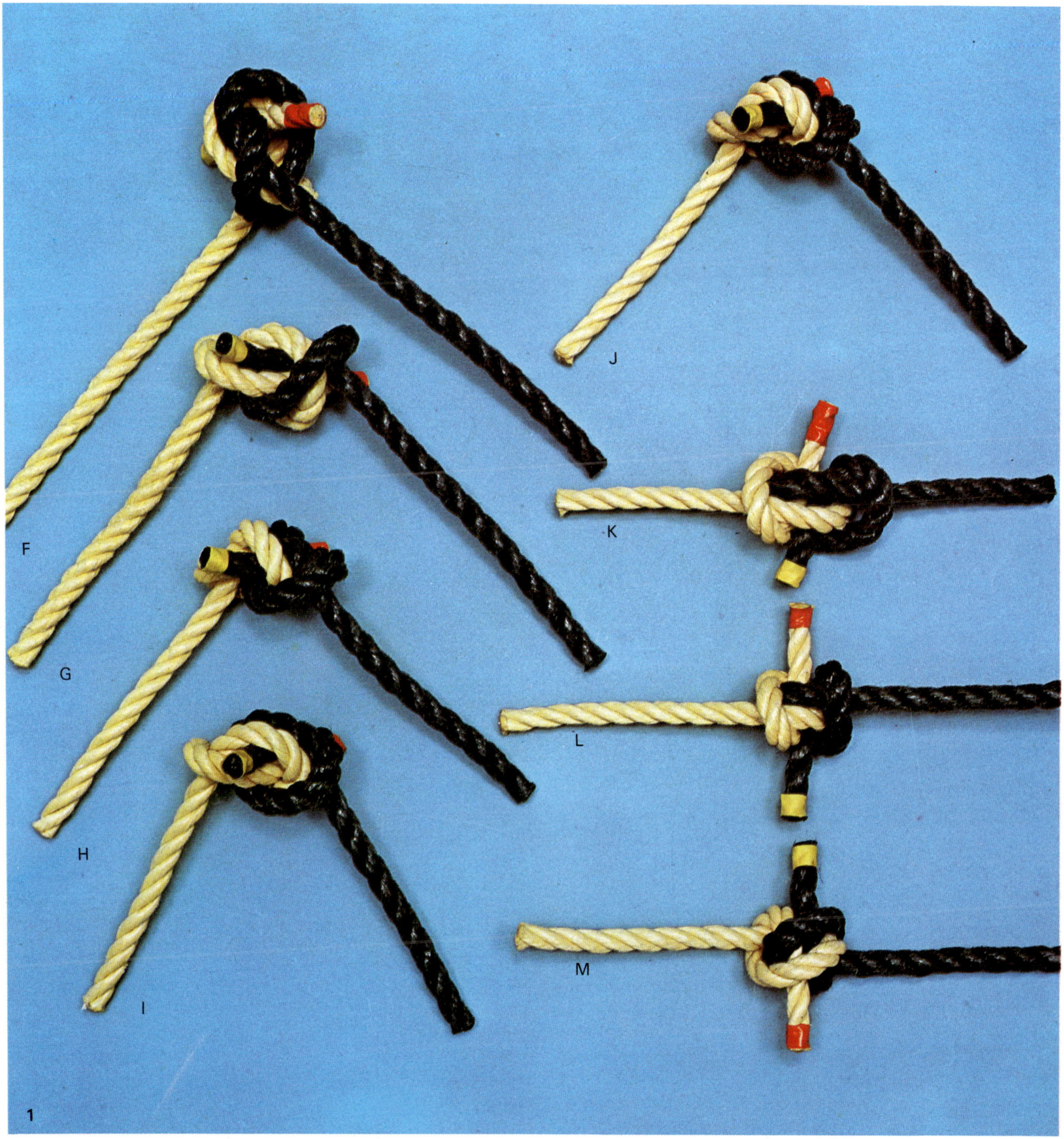
F
G
H
I
J
K
L
M
1

Diamantknoten aus zwei Tampen (381/391)

Als Nutz- und Zierknoten gleichermaßen dient der Diamantknoten unter anderem zur Befestigung der Bootsmannspfeife, des Segelmessers oder Schäkelöffners.

Werden die beiden Tampen (b) und (c) ausgedreht und die Kardeele zu einer beliebigen Platting geflochten, erhält man eine schmuckvolle Erweiterung des Diamantknotens (siehe Plattings).

Man beginnt mit einem doppelten Trossenstek (381A) und steckt anschließend die beiden Tampen durch die Mitte hindurch (a), (381 B, C). Nun wird die Lose Stück für Stück aus den Buchten geholt und der Knoten steif gezogen (391 D, E). Dies muß mit großer Umsicht geschehen, um nicht unversehens einen „Gordischen Knoten" in der Hand zu halten. Foto 391F zeigt den fertigen Diamantknoten, wie er aussehen sollte.

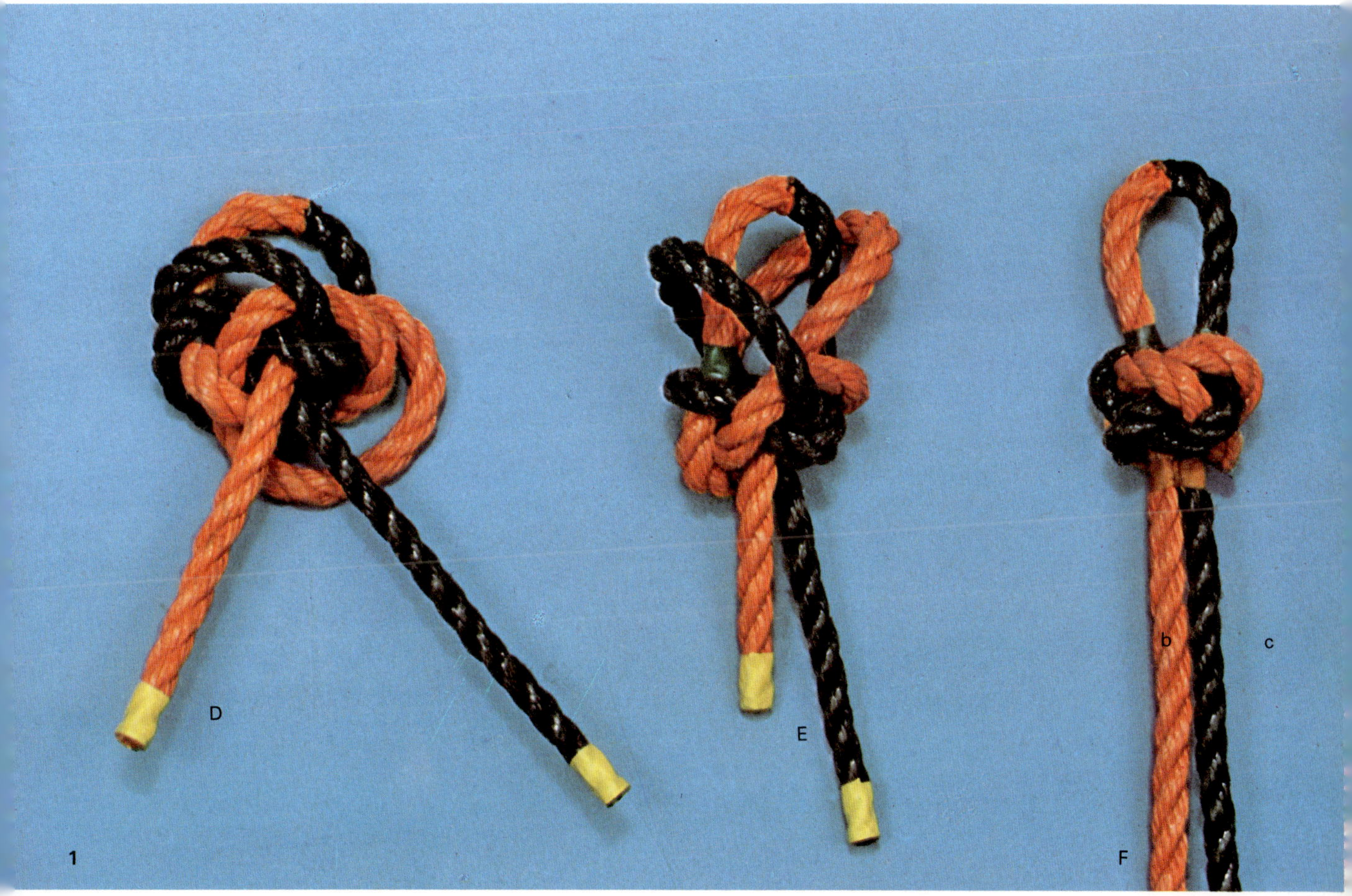

1

Wurfleinenknoten (401)

Will man eine Wurfleine, also eine erste Leinenverbindung zu einem Steg, Kai oder anderen Schiff hinüberwerfen, gelingt dies über einen größeren Abstand und zielsicher nur unter Zuhilfenahme eines Wurfleinenknotens. Dieser Knoten kann in kürzerer Ausführung auch die Funktion eines Stopperknotens übernehmen, und zwar im hinteren Tampen der Wurfleine, in der Leine eines Handlogs oder der Leine eines Handlotes, um das Ausrauschen des Tampens durch die Hand zu verhindern. Sehr nützlich ist dieser Knoten auch in den Schnüren von Ölzeug, Segelsack, Seesack und ähnlichem, um dem lästigen Durchslippen vorzubeugen.

Aufschießen der Wurfleine (411)

Eine gute Wurfleine sollte aus 6 bis 8 Millimeter starkem, weichem, ungeteertem, dreifachgeschlagenem Hanftau hergestellt sein. Ebensogut kann eine hohlgeflochtene Kunstfaserleine ohne Kern aus schwimmfähigem Polyäthylen oder Polypropylen genommen werden.
Vor allem muß die Wurfleine beim Wurf leicht und ohne Kinken auslaufen. Sorgfältiges Aufschießen der Leine vor dem Wurf – rechtsgeschlagene Leine rechts herum – ist darum besonders wichtig, am besten mit stets kleiner werdenden Buchten. Dann ist die Gefahr des Vertörnens während des Schwungholens und Werfens am geringsten. Den hinteren Tampen behält man entweder in der Hand oder steckt ihn irgendwo an geeigneter Stelle fest. Linkshänder, wie der Werfer auf den Fotos, müssen achtgeben beim Aufschießen der Wurfleine.

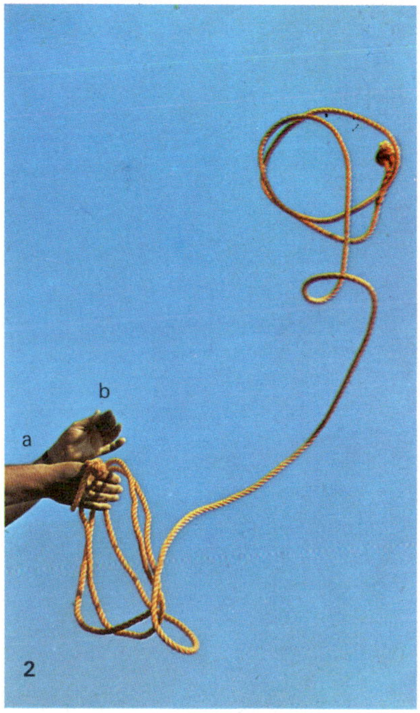

Werfen der Wurfleine (412)

Der aufgeschossene Bunsch wird halbiert, die Wurfhand hält die erste Hälfte mit dem Wurfleinenknoten (411 b, 412 b) und die andere Hand (411a, 412a) die zweite Hälfte. Hat man genügend freien Raum um sich herum, wird man die erste Hälfte am besten mit Unterschwung werfen. Sind deren Buchten entfaltet, läßt man bis auf den hinteren Tampen die übrigen Buchten aus der anderen Hand auslaufen. Ist die Bewegungsfreiheit behindert, etwa durch Wanten, Stage und Aufbauten, wird man besser über die Schulter werfen. In beiden Fällen sollte man so hoch wie möglich werfen, höher als man einen losen Gegenstand über die gleiche Entfernung schleudern würde.

1

Affenfaust (431)

Weitaus wirkungsvoller läßt sich der Tampen einer Wurfleine mit einer Affenfaust beschweren, die aus einer 8 bis 10 Millimeter starken Leine hergestellt wird (431).

Zum besseren Erkennen der einzelnen Arbeitsgänge wurden hier nur jeweils zwei Rundtörns genommen, in Wirklichkeit müssen es, wie auf Foto 421 zu sehen, drei mal drei Rundtörns sein. Nachdem der Knoten Bucht für Bucht ordentlich durchgeholt worden ist, werden die beiden Tampen mit einem Kurzspleiß (531) aneinandergespleißt (421 a).

Das auf diese Weise entstandene Auge wird ungefähr in der Mitte gebändselt (191) oder ebenfalls gespleißt. Die ganze Länge des Stropps sollte etwa 30 bis 40 cm betragen (421).

In den Tampen der Wurfleine wird ein Auge gespleißt, durch das die Affenfaust gerade hindurchpaßt und auf diese Art an die Wurfleine gesteckt werden kann.

Die Affenfaust kann natürlich auch direkt in den Tampen der Wurfleine gesteckt werden. Allerdings hat das den Nachteil, daß das Anstecken an eine Trosse dann etwas schwieriger wird und das Ganze möglicherweise auch nicht mehr ohne weiteres durch eine Verholklüse paßt.

Um auch gegen eine frische Brise einigermaßen weit werfen zu können, kann man der Affenfaust einen schweren Kern in Form einer (nichtrostenden) Schraubenmutter oder eines Hartgummiballs einarbeiten.

Ähnlich einem Wurfleinenknoten kann eine kleine Affenfaust auch als Knebelknopf von Tauzeisingen dienen (741): an einem Tampen einer dünnen Leine eine Affenfaust, am anderen ein Augspleiß. Mit einem Webeleinenstek oder einem Bändsel an der Reling befestigt, lassen sich damit Schoten, Festmacher und Segel frei vom Deck und doch gebrauchsklar halten. Weiterhin kann die Affenfaust als handiger Zuggriff an Patentschäkeln verwendet werden, und schließlich gibt sie einen zünftigen Schlüsselanhänger ab, der, mit Kork gefüllt, sogar noch schwimmfähig bleibt (862).

A
B
1
C
D
E
F

Aufschießen einer Trosse (441)

Bleibt aufgeschossenes Kunstfasertauwerk lange Zeit im Freien, wird es sich durch die Sonneneinstrahlung langsam verformen. Wenn man die Trosse dann nötig braucht, stellt sich heraus, daß sie voller Kinken ist. In Foto 441 wird gezeigt, wie ein Ende aufgeschossen werden muß, soll es sich nicht vertörnen. Der Tampen (a), womit der ganze Bunsch zusammengehalten wird, sollte so lang sein, daß man damit die aufgeschossene Leine irgendwo bergen kann, an der Reling, am Heckkorb oder an einer Stange oder einem Haken in der Backskiste.

Aufschießen einer Trosse mit Auge (451)

Das Foto zeigt, wie man auf einfache Weise ein größeres Auge zum Festlaschen eines aufgeschossenen Endes nutzbar machen kann. Bei glattem Tauwerk kann ein abschließender halber Schlag nicht schaden. Man hängt dann den Bunsch an geeigneter Stelle mit seinem Auge auf und hat vor allem immer gleich das Auge zu Hand. Um über Poller und Duckdalben an Kais und in Schleusen zu passen, muß das Auge in einer Festmachertrosse mindestens 75 cm lang sein.

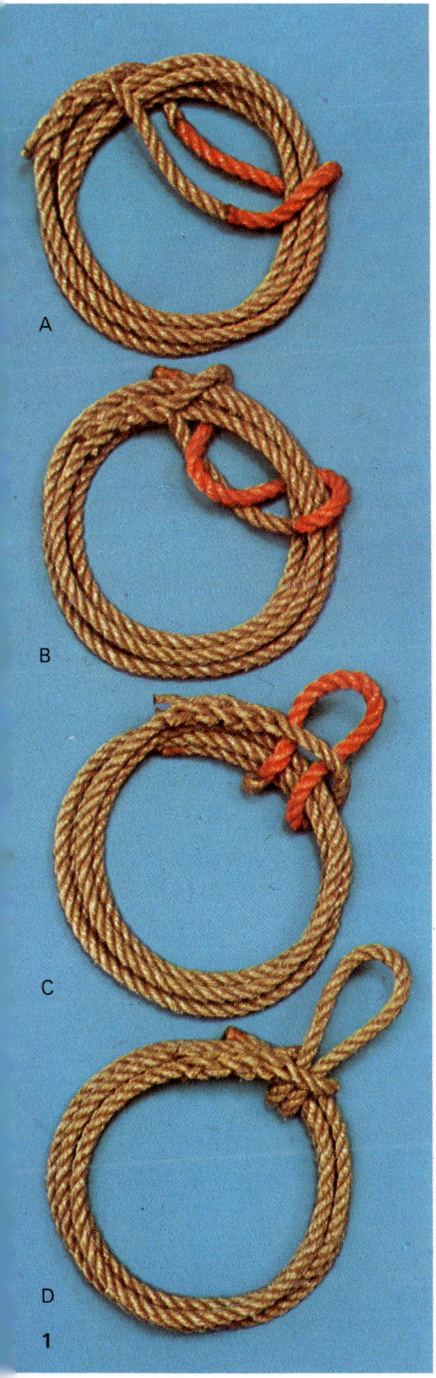
A
B
C
D
1

1

Belegen auf einer Klampe (461/471)

So ziemlich jedes Ende an Bord wird schließlich einmal irgendwo belegt werden müssen. Sei es, um die Kraft, die darauf steht, für den Vortrieb einzusetzen, sei es, um eine Gegenkraft anzubringen. Das hierfür klassische Instrument ist die Klampe, die aus Holz oder Metall, in kleinerer Ausführung auch aus Kunststoff hergestellt sein kann. Eine vollere, dickere Klampe schont das Tauwerk mehr als eine schmale, zierliche mit scharfen Kanten.
Eine vernünftige Klampe sollte so groß bemessen sein, daß unter beide Klauen jeweils drei bis vier Schläge und zusätzlich noch ein Kopfschlag gelegt werden können. Das Wichtigste beim Belegen ist nämlich eine größere Zahl von Kreuzschlägen (461

2

1 E F G

B, C, D), je mehr, desto besser. Mit Hilfe der dadurch erreichten großen Reibung und nicht mit einem einzigen Knoten wird die Kraft auf das Ende aufgefangen. Der Kopfschlag zum Schluß wird nur locker daraufgelegt (471 E, F, G), damit die Kreuzschläge nicht durch Bewegung oder über Deck spülendes Wasser von der Klampe fallen. Niemals darf man den Kopfschlag mit der gesamten Kraft belasten, er würde sich so bekneifen, daß er im Notfall nicht mehr oder nur mit großer Mühe zu lösen wäre. Auf senkrecht angebrachten Klampen wird der Kopfschlag auf die obere Klau und bei liegenden Klampen auf die zur stehenden Part weisende Klau gelegt. Eine Klampe wird immer – sofern sie wirklich fachmännisch montiert ist – in einem spitzen Winkel gegen den Uhrzeigersinn zur Zugrichtung des stehenden Endes angebracht worden sein.
Das hat nämlich den besonderen Vorteil, daß die stehende Part nicht unter dem (immer) rechtsherum genommenen ersten Rundtörn und den weiteren Kreuzschlägen bekniffen werden kann.

Belegen auf einem Belegnagel (481)

Das Belegen eines Endes auf einem Belegnagel – auch Coffeynagel genannt – erfolgt in der gleichen Weise wie auf der Klampe. Mit dem üblicherweise rechtsgeschlagenen Ende wird auch hier der erste volle Rundtörn rechtsherum gelegt (481 A und 461 A, B). Das hat den Vorteil, daß das Tauwerk weniger leicht Kinken schlägt und sich aufdreht, sich besser aufschießen läßt, weniger schamfilt und somit länger hält. Linkshänder laufen leicht Gefahr, auch rechtsgeschlagenes Tauwerk linksherum zu belegen.

Schießen sie das Ende dann auch noch linksherum auf, können sie sicher sein, daß das Ende später beim Ausfieren hoffnungslos verdreht und vertütert sein wird.

1

Geflochtenes Tauwerk kann gleichermaßen links- oder rechtsherum belegt und aufgeschossen werden. Aber auch hierbei muß die Zugkraft von mehreren Kreuzschlägen (481 B, C) und nicht vom Kopfschlag aufgefangen werden (481 D, E). Dieser wird ebenfalls auf den oberen, handgriffähnlichen Teil des Nagels gelegt und dient auch hier lediglich dazu, die Kreuzschläge an Ort und Stelle zu halten. Um der Gefahr des Schamfilens vorzubeugen, sollte der Belegnagel mindestens die gleiche, besser noch eine größere Stärke besitzen als das darauf belegte Ende.

Belegen auf dem Poller (493)

Der Tampen wird unter dem waagerechten Quernagel in einigen Rundtörns um den Poller genommen und anschließend nach einigen Kreuzschlägen mit einem Kopfschlag belegt.

2

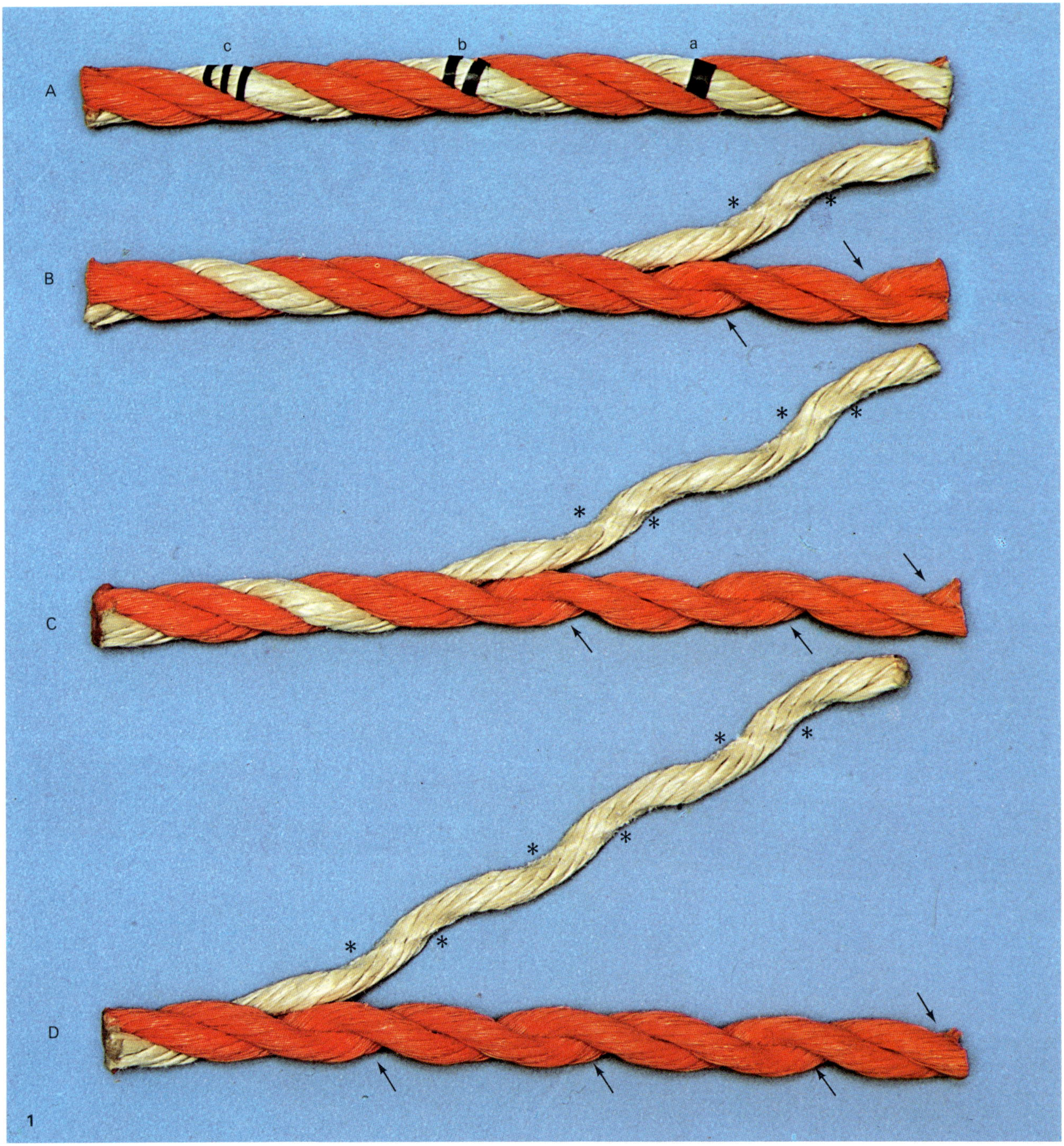

1

Allgemeine Hinweise zum Spleißen (501)

Ein Spleiß und die meisten Zierknoten beginnen mit dem Ausdrehen einiger Törns eines Tampens. Im Foto ist mit einer einfachen, einer doppelten und einer dreifachen Ringmarkierung angegeben, was man unter einem, zwei oder drei Kardeeltörns zu verstehen hat. In Situation 501 D ist ein Kardeel drei Törns ausgedreht. Auch wird man zuweilen ein Kardeel wieder einen oder mehrere Törns eindrehen müssen, wie beispielsweise beim Langspleiß (541/551) und beim Grummetstropp (581).
Dabei wird das Kardeel mit der rechten Hand in einer einzigen kombinierten Bewegung rechtsherum steif gedreht, damit der Schlag seines Garnes festbleibt, und gleichzeitig linksherum – also zu sich heran – in die Keep zwischen die beiden anderen Kardeele gelegt. Es ist wichtig, daß sich die mit einem Stern (*) gekennzeichneten Teile des Kardeels ohne Verdrehen, gleichsam von selbst in die Keep zwischen den beiden anderen Kardeelen legen (siehe Pfeile).

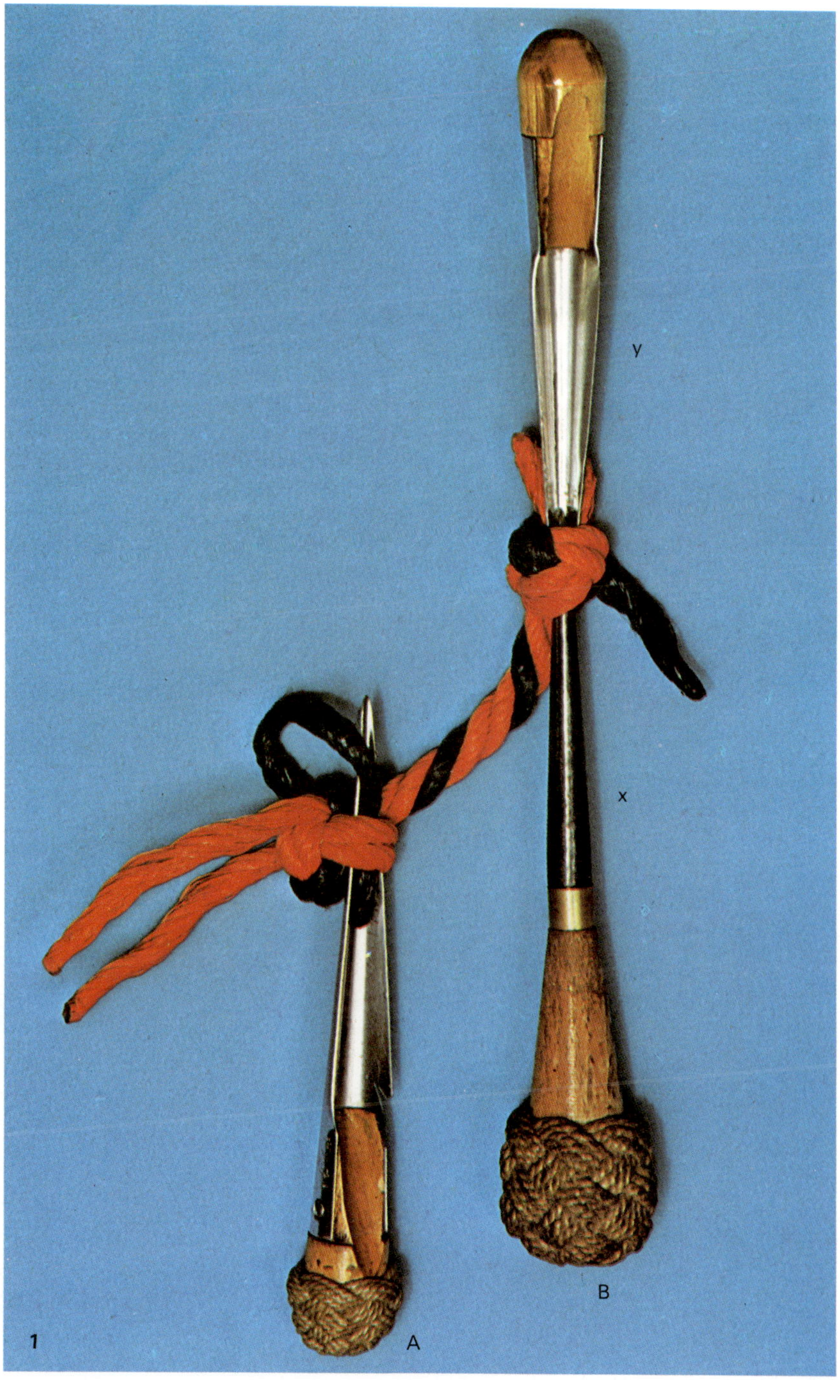

1

Anheben einer Kardeel (511)

Ein massiver (x) und ein hohler (y) Marlspieker ineinandergesteckt heben ein Kardeel an, um ein zweites durchstecken zu können.

Kurzspleiß (531)

Wie oft kommt es nicht vor, daß Festmacherleinen an Kaimauern oder anderen scharfen Rändern schamfilen? Ist es dann zu spät, gibt es nur eine Lösung: spleißen, und zwar den Kurzspleiß.
Bevor man beginnt, legt man zwei Rundtörns ins Tau, als ob man es aufschießen wollte. Dies soll verhindern, daß in das Ende eine unbeabsichtigte Verdrehung eingespleißt wird. In Foto 531A und B ist mit schwarzem Garn deutlich markiert, wie weit die beiden Tampen aufgedreht und gegen- und ineinander geschoben werden. Beginnt man den Spleiß zuerst nach links, werden die nach rechts zeigenden (linken) Kardeele um den rechten Tampen herum provisorisch mit Klebeband gesichert (531C). Anschließend spleißt man die einzelnen Kardeele des rechten Tampens (s, t, u) einmal in den linken Tampen. Sie laufen zuerst über die jeweils am nächsten liegenden, danach unter den folgenden Kardeelen (531D). Nachdem die Sicherung entfernt wurde, werden in gleicher Weise die Kardeele des linken Tampens (x, y, z) einmal in den rechten gespleißt (531E). Durch kräftiges Ziehen in entgegengesetzter Richtung an jeweils zwei Kardeelen wird das Ganze gut durchgeholt. Die Kardeele des linken Tampens werden nach rechts, die des rechten Tampens nach links geholt. Danach werden alle Kardeele jeweils noch einmal untergesteckt (531F).
Bei Naturfasertauwerk brauchen die Kardeele nicht öfter untergesteckt zu werden, Kunstfasertauwerk jedoch muß nach dem Zusammenschieben (531 A, B, C) dreimal, sehr glattes sogar vier- bis fünfmal gespleißt werden. Will man den Spleiß verjüngen und hat man die Kardeele genügend oft untergesteckt, kappt man ein Kardeel und steckt die beiden übrigen weiter, danach wird das zweite gekappt und das letzte untergesteckt (siehe Foto 711a).
Ein Kurzspleiß in einer Leine verdickt diese erheblich, so daß sie nicht mehr durch einen zur ihr passenden Block laufen kann.

1

2

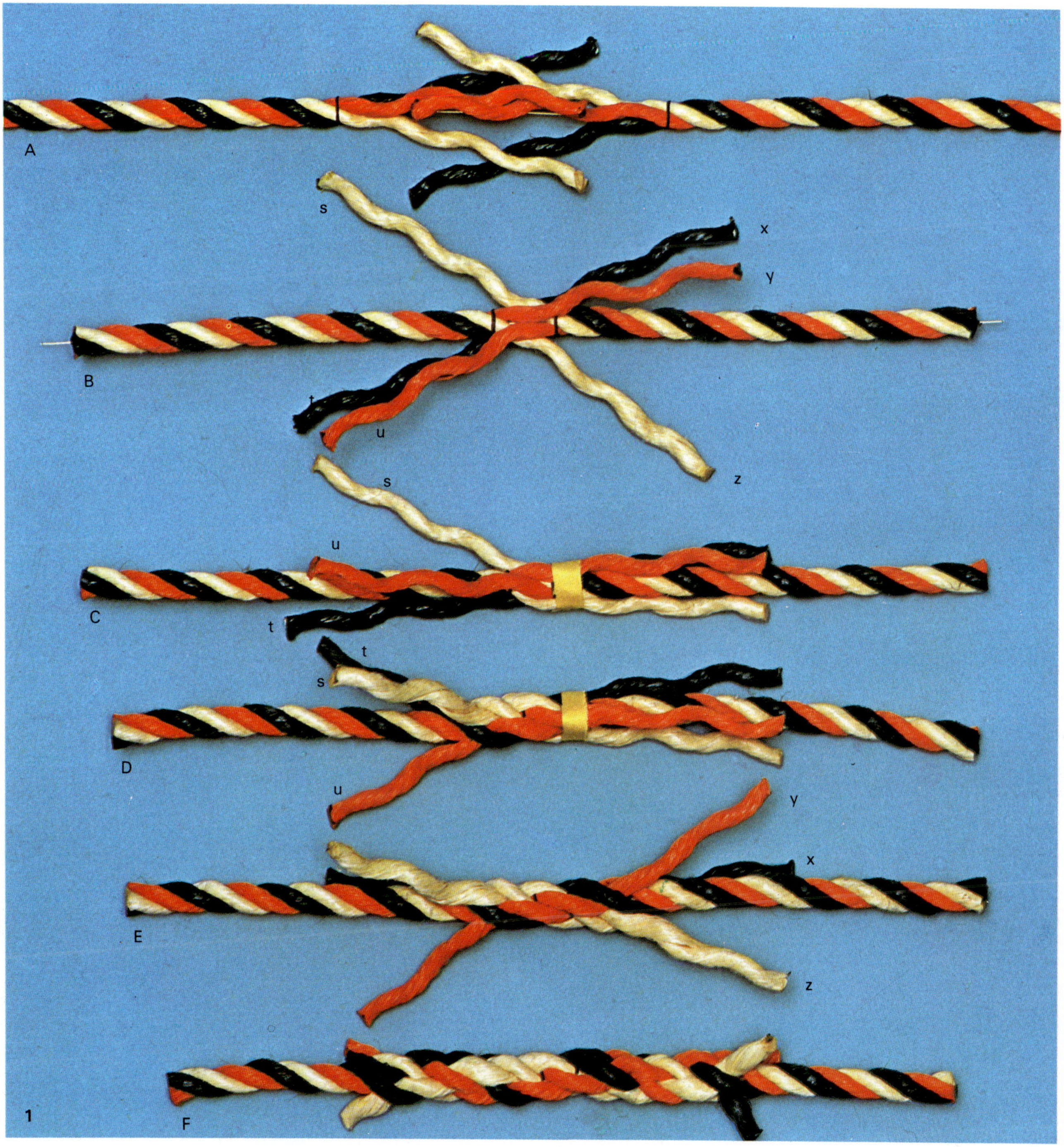
A
s
x
y
B
t
u
z
s
u
C
t
t
s
D
u
y
x
E
z
1
F

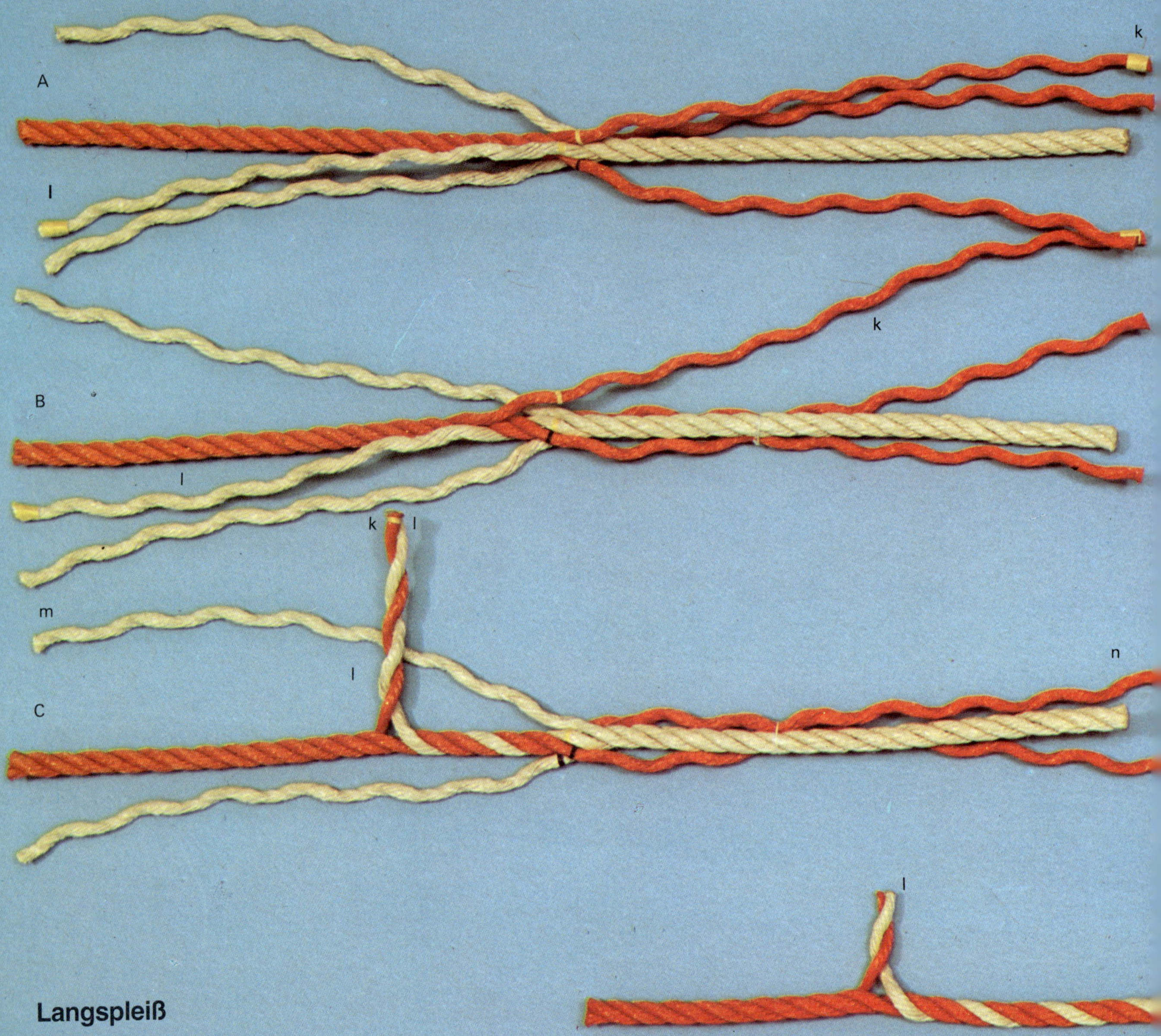

Langspleiß

1

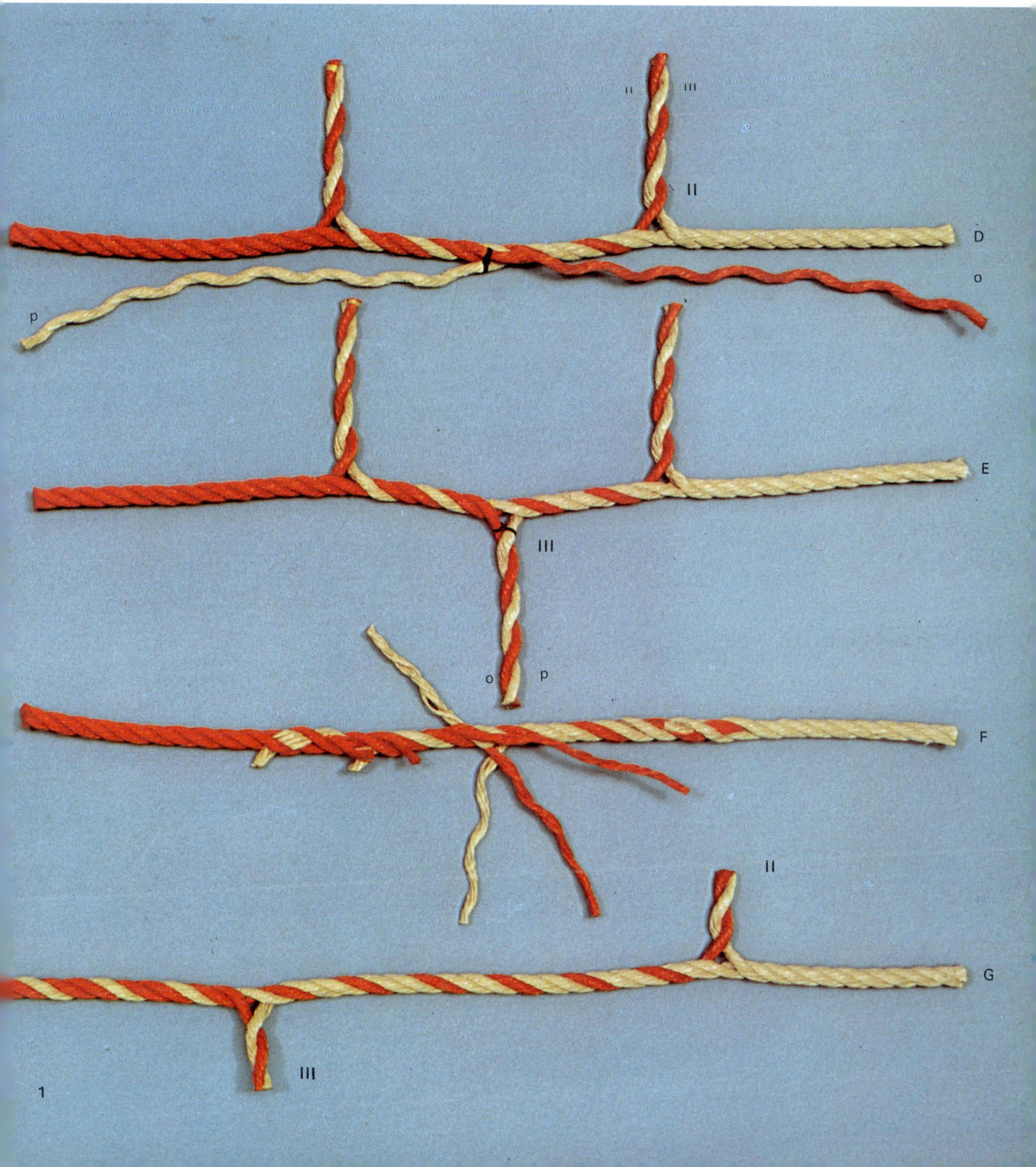
II
III
II
D
o
p
E
III
o
p
F
II
G
III
1

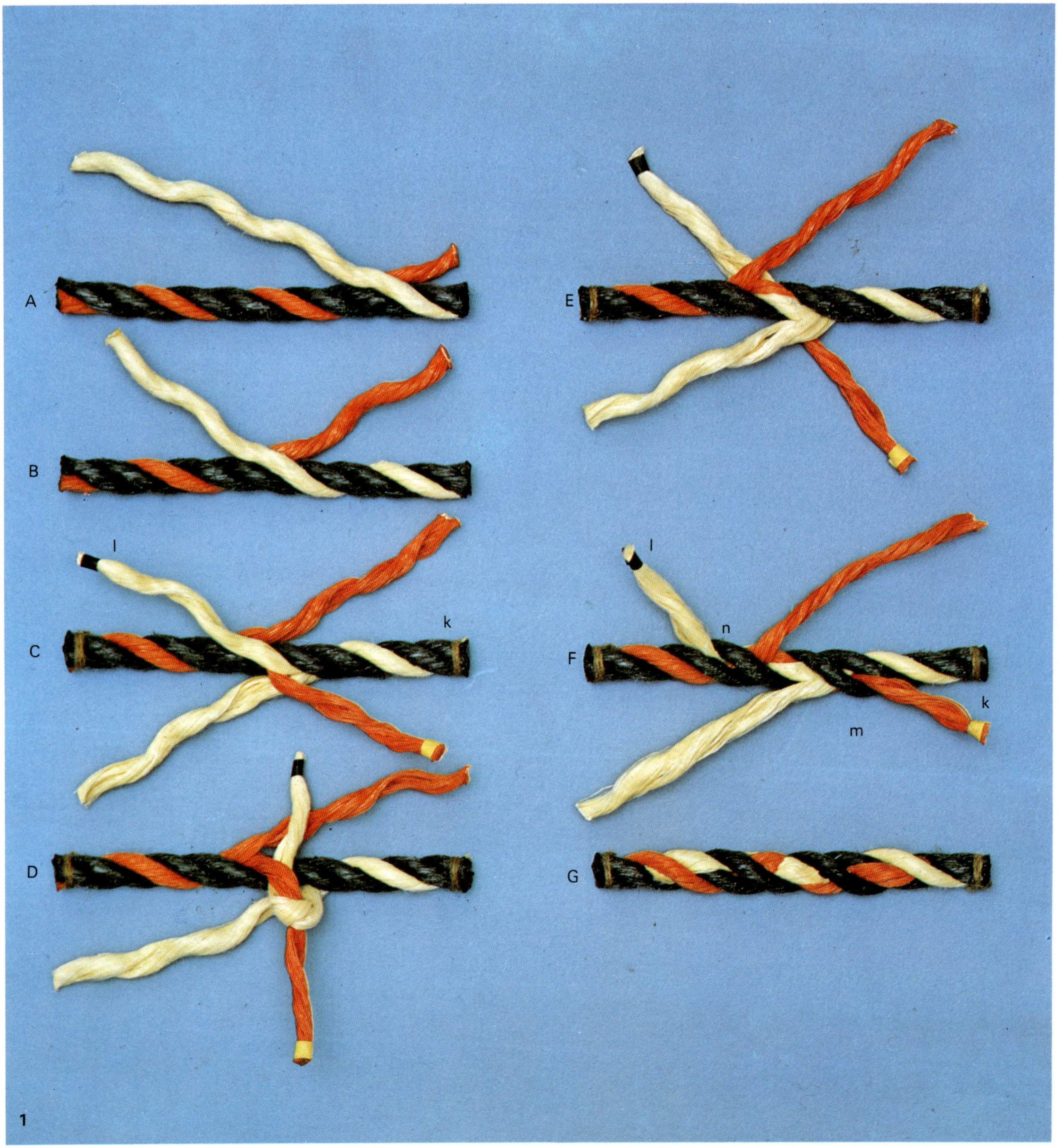
A
B
C
D
E
F
G
l
k
l
n
m
k
1

Langspleiß (541/551)

Ohne nennenswerte Verdickung und damit fast unsichtbar läßt sich ein gebrochenes oder beschädigtes Ende mit dem Langspleiß reparieren. Dies wird bei laufendem Gut, das durch Blöcke oder Augen geschoren wird, unbedingt notwendig sein. Die Kardeele beider Tampen werden etwa 25 Törns unter Erhaltung ihrer eigenen Törns auseinandergedreht und gegeneinandergestoßen (541A). Ein Kardeel des linken Tampens (k) wird noch weiter ausgedreht und das anliegende Kardeel des rechten Tampens (l) in die freikommende Keep gelegt, und zwar so weit, bis noch etwa zehn Zentimeter davon übrig sind. Beide Kardeele werden vorläufig umeinandergeschlagen und das lange (vom linken Tampen) auf die Länge der kürzeren gekappt (I in 541C). Anschließend wird mit einem zweiten Kardeelpaar (m und n) genau die gleiche Arbeit nach rechts ausgeführt (II in 551D). Das letzte Kardeelpaar in der Mitte (o und p) wird durch Ineinanderschlagen gesichert und auf die gleiche Länge gekappt (III in 551E).
In Wirklichkeit liegen die drei Anschlüsse I, II und III jeweils einen Meter, die beiden äußeren I und II also etwa 2 Meter voneinander entfernt. Abschließend werden die drei Kardeelpaare miteinander verknotet, siehe Foto 561.

Abschluß bei Langspleiß und Grummetstropp (561)

Die beiden Kardeele werden halbiert (561C), der nach rechts weisende Kardeeltampen (k) vor den anderen (l) gelegt und mit einem Überhandknoten verknotet (561D). Dieser muß gut steifgeholt werden, damit er in der eigenen Keep vollkommen verschwindet (561E).

Das von links kommende Kardeel (k) wird neben den Knoten gelegt und nach rechts unter das nächstgelegene schwarze Kardeel (m) gespleißt (561F). Entsprechend wird das Kardeel des rechten Tampens (l) nach links unter das nächstgelegene schwarze Kardeel (n) gespleißt. Alles wird ordentlich durchgeholt, so daß nirgendwo mehr Zwischenräume übrigbleiben. Sodann werden beide Kardeele, je nach der Glätte des Materials, noch ein oder mehrere Male gespleißt. Auch kann man sie über das nächstgelegene Kardeel nehmen und darunter zurückspleißen. Durch kräftiges Ziehen wird der Spleiß gereckt und dann mit dem Holzhammer oder dem Marlspiekergriff beklopft. Wenn der Spleiß auf diese Weise gehörig bearbeitet worden ist, werden die Kardeele abgeschnitten, bei Naturfasertauwerk einen halben Zentimeter überstehend, ebenso bei Kunstfasertauwerk, wo zusätzlich noch ein Kragen geschmolzen wird, der sich der Keep genau anpaßt.
Eine Wurfleine mit einem Grummet als Schwimmring, aufgeschossen und klar zum Wurf (571).

1

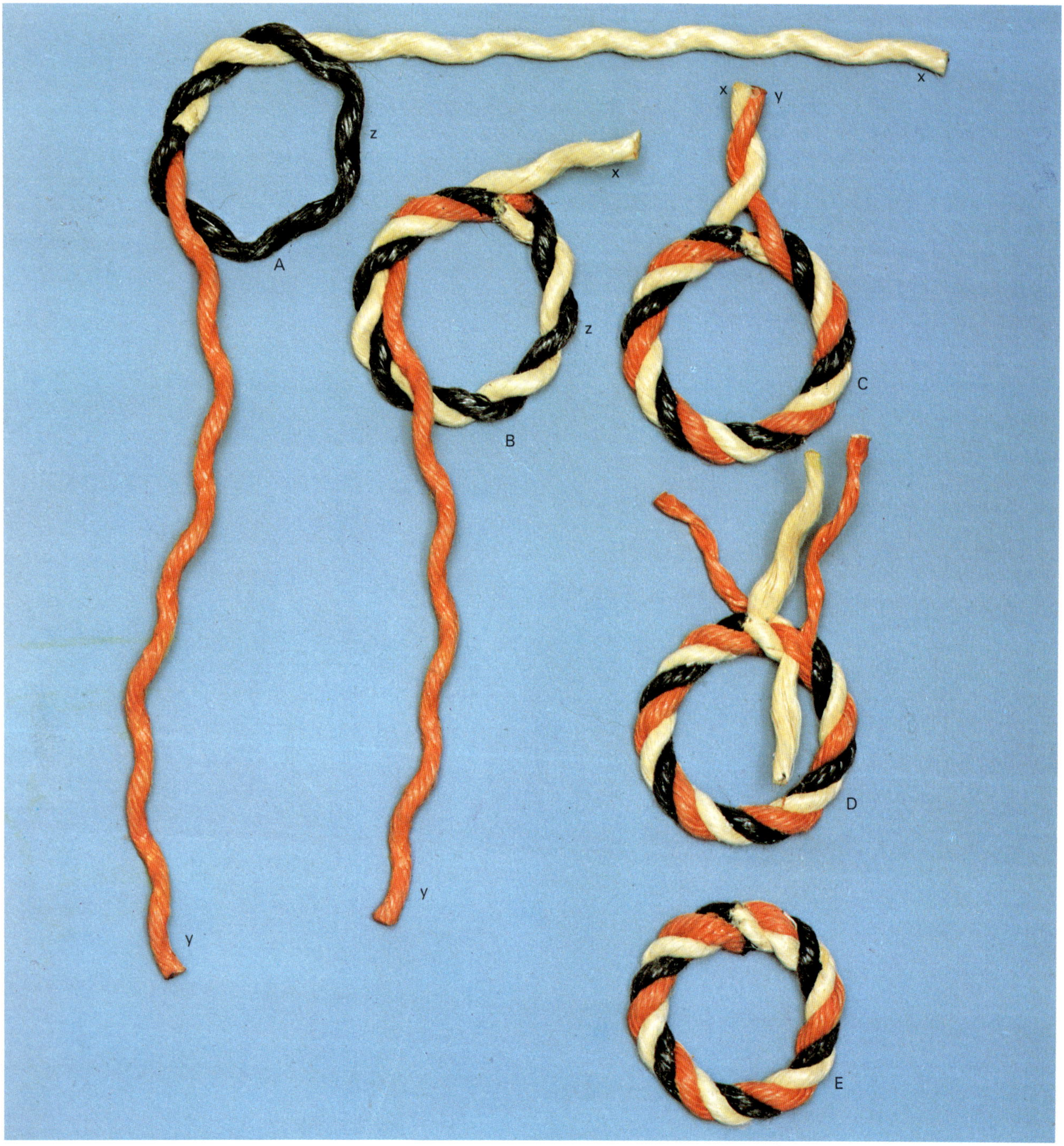
x
z
A
y
x
z
B
y
x
y
C
D
E

Grummetstropp (581)

Die Länge des Kardeels, aus dem der Grummetstropp als dreikardeeliger, geschlagener Ring hergestellt wird, muß mindestens dreieinhalbmal der Umfang des späteren Stropps betragen. Vor allem muß man darauf achten, daß die beiden äußeren Tampen (581A gelb-x und orange-y) länger sind als der mittlere (581A schwarz-z). Einerseits geht ja beim Eindrehen der äußeren Tampen Länge verloren, und zum anderen braucht man noch etwas zum Verknoten. Beim Eindrehen achte man möglichst darauf, daß die Schraubenform des Kardeels erhalten bleibt, dann fällt es besser in seine eigene Keep. Wo die beiden Tampen (x und y) wieder zusammentreffen (581C), werden sie wie beim Langspleiß (561) verknotet und verspleißt (581D).
Die klassische Anwendung des Grummets ist die als Stropp um einen Takelblock (611C). Auch wurde er vielfach auf Rettungsbooten als Schamfilschutz im Mattopp benutzt. Um zu verhindern, daß die Legel der Stage und Wanten zu sehr ins Holz schnitten, wurde auf die Hummer (Verdikkung im Masttopp) erst ein Grummetstropp gelegt. Beim notdürftigen Leimen oder Schienen von gebrochenen oder angeknacksten Spieren und Masten können Grummetstropps sehr gute Dienste leisten. Dazu stellt man einige Stropps her, die gerade knapp über die beschädigte Stelle passen, und treibt ringsum einzelne kleine Holzkeile unter die Stropps; damit wird ein gehöriger, nach innen gerichteter Druck erzeugt.

Grummetstropp als Tragegriff an einer Seemannskiste (591)

1

Spielereien mit Grummetstropps (601, 602, 611)

Aus drei Grummetstropps läßt sich eine Hahnepot für ein Vorsegel herstellen. Dazu nimmt man ein Ende von reichlich dreimal der vorgesehenen Gesamtlänge der Hahnepot, schlägt aus zwei der Kardeele zwei einzelne vollständige Grummets und bändselt in jeden ein nicht zu kleines Auge. Zur Verstärkung der Augen dient eine Rundkausch aus Messing oder Niro-Stahl, am besten jedoch aus Pockholz. Das dritte Kardeel wird durch die entstandenen größeren Augen der beiden ersten Stropps zu einem dritten Grummetstropp geschlagen, der mit einem kurzen Taljereep am Schothorn des Vorsegels angeschlagen wird. Zum Schluß werden die beiden Schoten an die beiden Augen mit Rundkausch gesteckt.

In ein Kardeel wird lose ein Überhandknoten gelegt; daraus entsteht ein modisch zünftiger Anhänger (601 C). Ebenso erregt ein unlösbar verschlungener Grummetstropp immer Aufmerksamkeit (601 B). Bild 601 A zeigt einen Gürtelgrummet. Grummets können auch Fingerring, Serviettenring oder Armband sein. Hierzu unterbricht man den Arbeitsablauf bei der Situation in Foto 581 D, teilt die beiden Kardeele und macht mit den vier Hälften einen Zierknoten, einen Diamant- oder Fallreepsknoten. Auf alten Fischerbooten findet sich oft noch der Wunderknoten. Foto 602 zeigt eine Variante, einen magischen Dreierring.

1

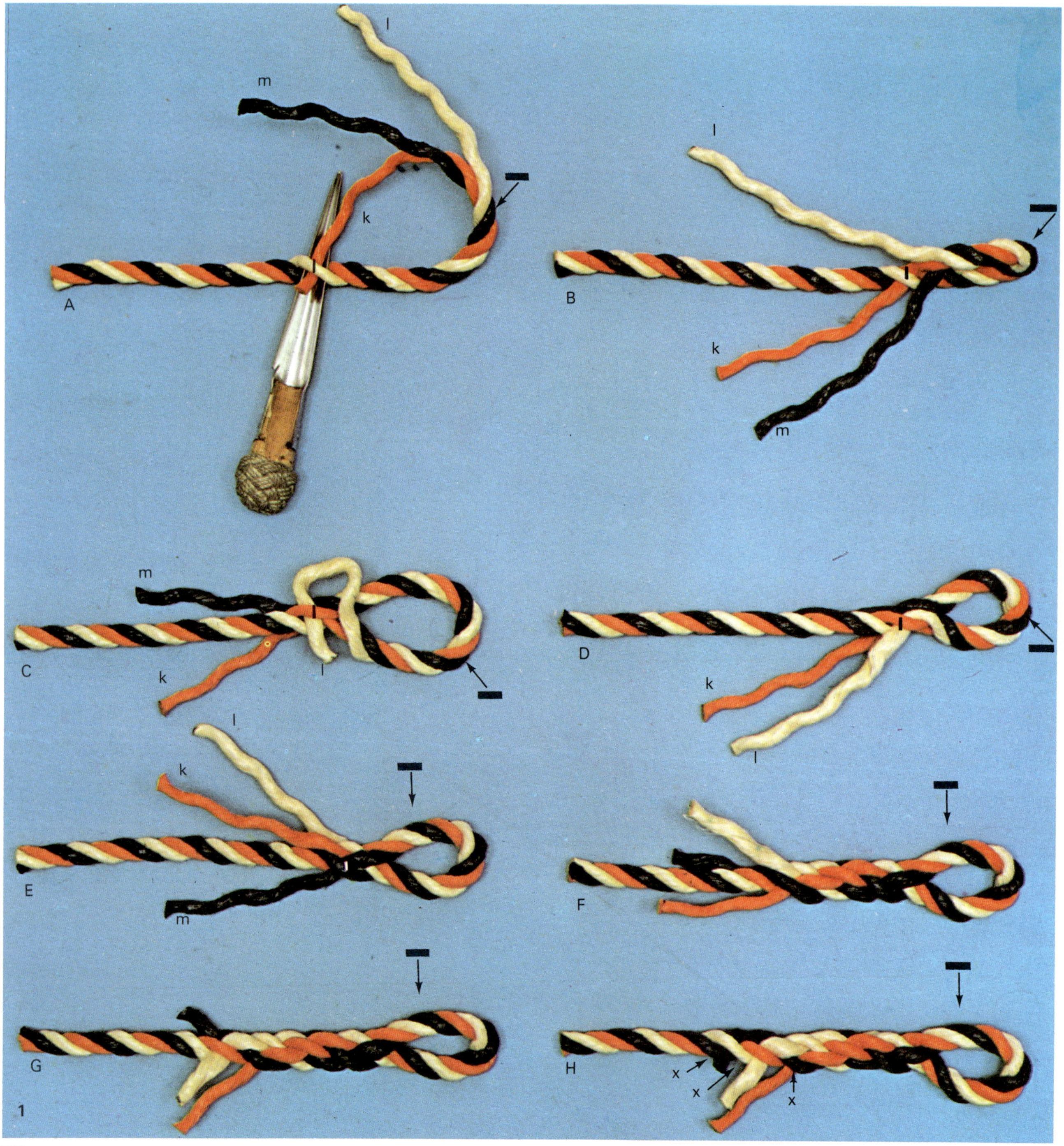
l
m
k
A
l
B
k
m
m
C
k
l
D
k
l
l
k
E
m
F
G
H
x
x
x
1

1

Augspleiß (621, 631)

Ob als große „Öse" in einer Festmachertrosse, die über Poller auf Kais und Duckdalben passen muß, oder als festanliegende Umschließung um eine Kausch, in jedem Fall stellt der Augspleiß ein endgültiges, dauerhaftes Auge in einem Ende dar.
Für einen perfekten Augspleiß ist die Art, wie die drei Kardeele (k, l, m) zum erstenmal untergesteckt werden, besonders wichtig (621 A, B, C, D, E). Dazu zeichnet man sich mit dem Filzstift einen Markierungsring rund um das Ende, wo die Kardeeltampen zum erstenmal gespleißt werden müssen. Weiter geht es dann im bekannten Rhythmus, einmal drüber, einmal drunter (621 F, G, H), und zwar bei Naturfaser jeweils dreimal, bei Kunstfaser fünfmal. Es zeugt nicht nur von sauberer Arbeit, sondern erhöht, sicher bei Kunstfasertauwerk, obendrein die Haltekraft, wenn der Spleiß verjüngt wird (x in Abb. 621H, 631 und 711 A, B).

2

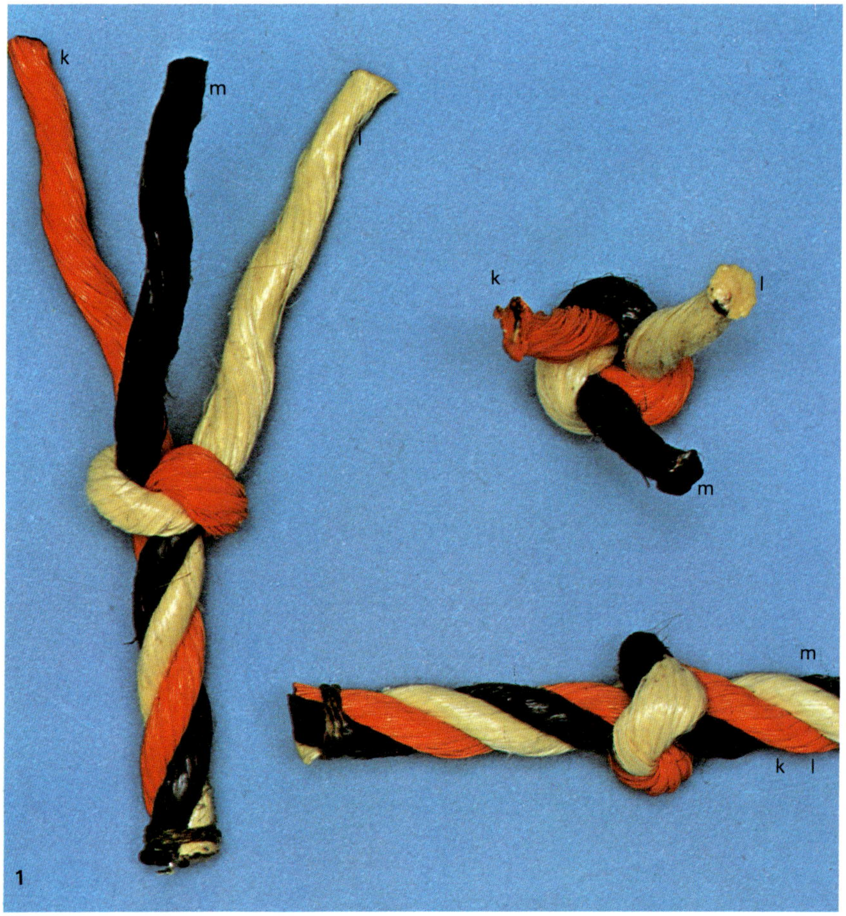

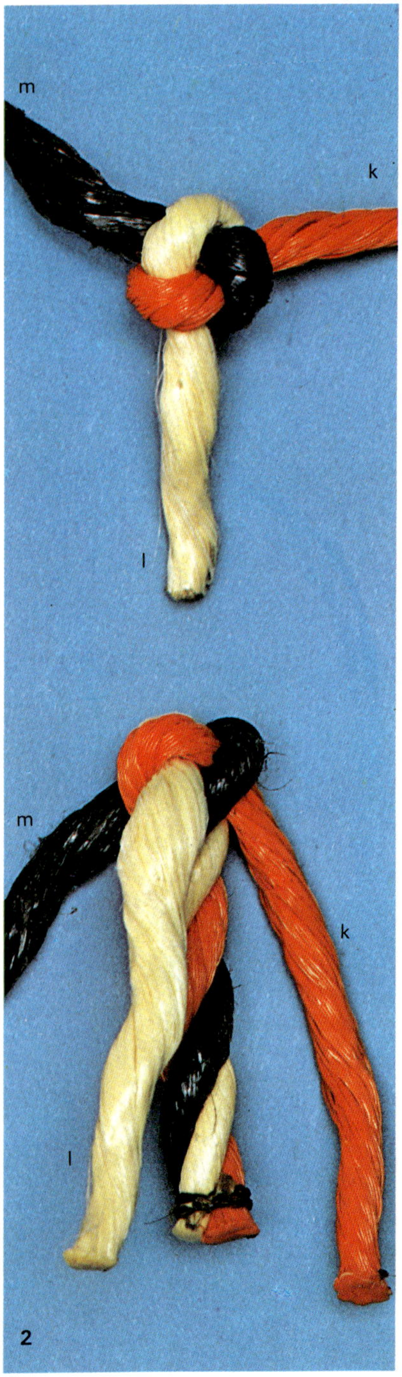

Kronenknoten (642, 651, 1001)

Zur Arbeitsweise siehe auch Foto (1001 A und B). Die Kardeele (642 k, l, m und 651 k, l und m) kommen seitlich am Knoten zum Vorschein.

Stopperknoten (641, 981)

Zur Arbeitsweise siehe auch Foto 981 A und B. Die Kardeele (641 k, l und m) kommen im Zentrum des Knotens zum Vorschein.

Kronenspleiß oder Spanischer Takling (651)

Begonnen wird mit einem Kronenknoten, anschließend werden die Kardeele noch dreimal untergespleißt und eventuell verjüngt.
Der Name besagt bereits, daß es sich hierbei um einen Ersatz für einen Takling handelt, mit dem Vorteil einer Verdickung, sofern diese erwünscht ist, wie beispielsweise im Tampen einer Fenderleine.

A
l
m
k
B
m
l
k
D
l
m
k
C
l
k
m
E
F
G
1

1

1

m
l
k
m
l
k
m
m
l
k
m
k
l
1
H
I
J
K

Ananasknoten oder doppelter Kronenspleiß (661, 671, 681, 691)

Dies ist ein besonders schöner Verdickungsspleiß in einem Tampen, der mit einer zusätzlichen Beschwerung auch einen brauchbaren Wurfleinenknoten abgibt.
Wenn man genau hinsieht, erkennt man, daß es sich um einen doppelt ausgeführten Kronenspleiß (641, 651) handelt. Man beginnt also mit einem Kronenknoten und steckt die Kardeele (x, y, z) jeweils noch zweimal lose durch (661 A, B, C und 671 D, E, F, G). Darauf wird mit den drei Kardeeltampen (k, l und m) ein Stopperknoten gesteckt (681 H, I), so daß sie wieder in die entgegengesetzte Richtung, zum Tampen hin zeigen. Durch Zurückspleißen wird die erste Verdoppelung erreicht (681 J, K). Am Ende angekommen, wird ein zweiter Kronenknoten gemacht (681 L), wonach wieder zur festen Part hin gespleißt wird. Beim Stopperknoten (681 I) angekommen, wird auch dieser verdoppelt (691 L, M). Die Kardeele werden gekappt oder in den Keepen verborgen.

1

Abschluß eines Spleißes (711, 701)

Einem Spleiß sollte man, nachdem die Kardeele genügend oft untergesteckt worden sind (bei Naturfasertauwerk dreimal, bei Kunstfaser fünfmal), je nach Gebrauchszweck den letzten Schliff geben. Da die schwächste Stelle dicht hinter der Verdickung liegt (t), ist es ratsam, dieser Stelle besondere Aufmerksamkeit zu widmen. Hier entsteht und staut sich die meiste innere Reibungswärme, die es daher am Entstehen zu hindern oder günstig abzuleiten gilt. Anderenfalls kommt es zum Schmelzbruch (t, Pfeil).

711 A, B: Diese Verjüngung – bereits beim Kurzspleiß beschrieben – wird Webeleinenspleiß genannt. Beim Entern in den Mast konnten die Matrosenstiefel dem Spleiß am wenigsten schaden. Außerdem war hierbei der Wasserablauf nach unten günstig für die früher fäulnisanfälligen Tauwerksarten. Die Kardeeltampen sollen etwa einen halben bis einen Zentimeter herausschauen und nicht, wie in Foto 711B, zu kurz gekappt werden. Bei starker Belastung reckt sich der Spleiß, die Tampen rutschen zurück.

711 C, D: Dies ist der einfachste Abschluß. In C ragen die Tampen etwa einen Zentimeter aus den Keepen heraus, bei D wurden die Tampen angeschmolzen, wodurch kleine Kragen entstanden, die das Zurückrutschen verhindern.

711 E: Dies ist eine alte Profi-Methode, bei der die Kardeele halbiert und jeweils zwei nebeneinanderliegende Hälften gebändselt werden, einfach oder genäht.

711 F: Ein rückwärtiger Spleiß sichert die Tampen ebenfalls gegen Zurückrutschen. Die Kardeele können auch hierbei halbiert und gebändselt werden wie in 711E.

1

Fallreepsknoten (721–731)

Dieser Knoten ähnelt dem doppelten Stopperknoten sehr, ein Grund, warum sie immer wieder miteinander verwechselt werden. Obendrein werden sie noch für denselben Zweck verwendet: als Verdickung eines Tampens, um dessen unbeabsichtigtes Auslaufen aus einem Auge, einem Block oder ganz einfach aus der Hand zu verhindern. In den Relingstützen einer Gangway läuft ein dikkes Tau, das an beiden Tampen einen Fallreepsknoten trägt.

Auch im eigenen Haus läßt sich anstelle eines festen Treppengeländers aus Holz oder Stahl ein dickes Hanftau mit Fallreepsknoten anbringen. Um sicherzugehen, auch wirklich einen Fallreeps- und keinen Stopperknoten zu stecken, kann man sich den folgenden englischen Zweizeiler hersagen:
First a wall, then a crown
Now tuck up, then tuck down.
Erst 'nen Stopper, dann 'ne Krone,
nun spleiß rauf und dann runter.
Man steckt also zuerst den Stopperknoten (721A), wie gezeigt in Foto 641 und 981. Darauf wird der Kronenknoten gelegt (721B), wie gezeigt in Foto 642, 651 und 1001. Dann wird der Stopperknoten ein zweites Mal gesteckt (verdoppelt) (721C). Für den Abschluß gibt es zwei Möglichkeiten: Beide beginnen mit der Verdoppelung auch des Kronenknotens. Dann können die Kardeele (Ik, II und Im) entweder seitlich aus dem Knoten herausgeführt und gekappt werden (731 DIO), oder man steckt sie (IIk, III und IIm) mitten durch den Knoten am Ende entlang (731 DIIS), so daß sie unten herauskommen, wo sie

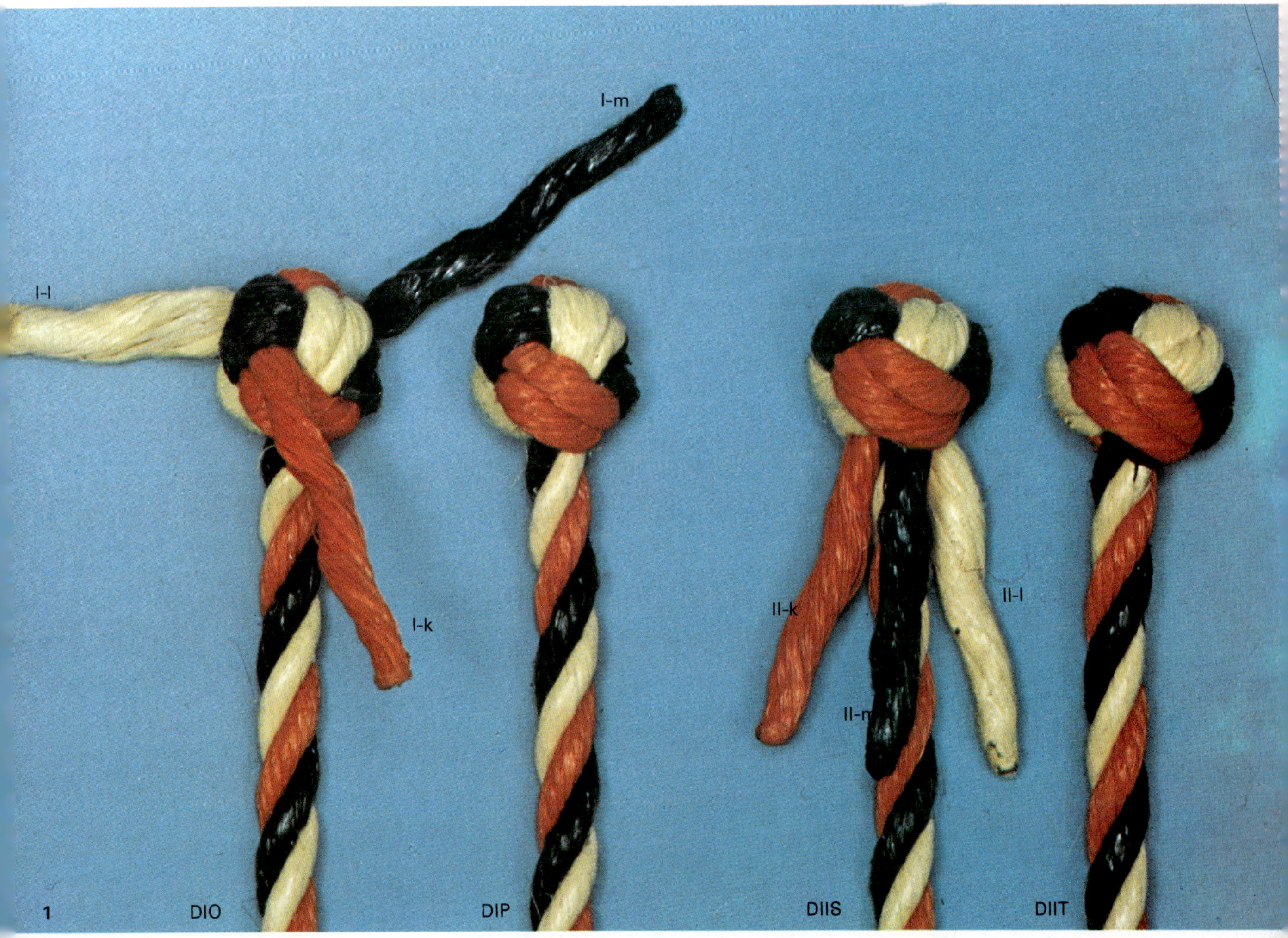

1 DIO DIP DIIS DIIT

gekappt werden (731 DIP und 731 DIIT). Diese zweite Methode empfiehlt sich nicht, wenn der Knoten dauernd vor der Durchführung einer Relingstütze liegt; die Kardeeltampen werden dann nämlich gegen den Knoten gestaucht und können sich dadurch langsam losarbeiten.
(Erstaunlich ist, daß in einem alten holländischen Knotenhandbuch aus dem vorigen Jahrhundert der Diamantknoten Fallreepsknoten genannt wird.)
Der doppelte Stopperknoten beginnt wie der Fallreepsknoten: „First a wall, then a crown . . .“, anschließend wird jedoch nur der erste Stopperknoten, nicht aber der Kronenknoten doppelt gesteckt. Vielmehr werden die Kardeeltampen (k, l und m) nicht seitlich aus dem Knoten herausgeführt (721C), sondern durch den Knoten nach oben in der Mitte vereinigt (751 DIIS). Die Kardeele werden wieder zu einem Tampen geschlagen und mit einem genähten Takling gesichert.

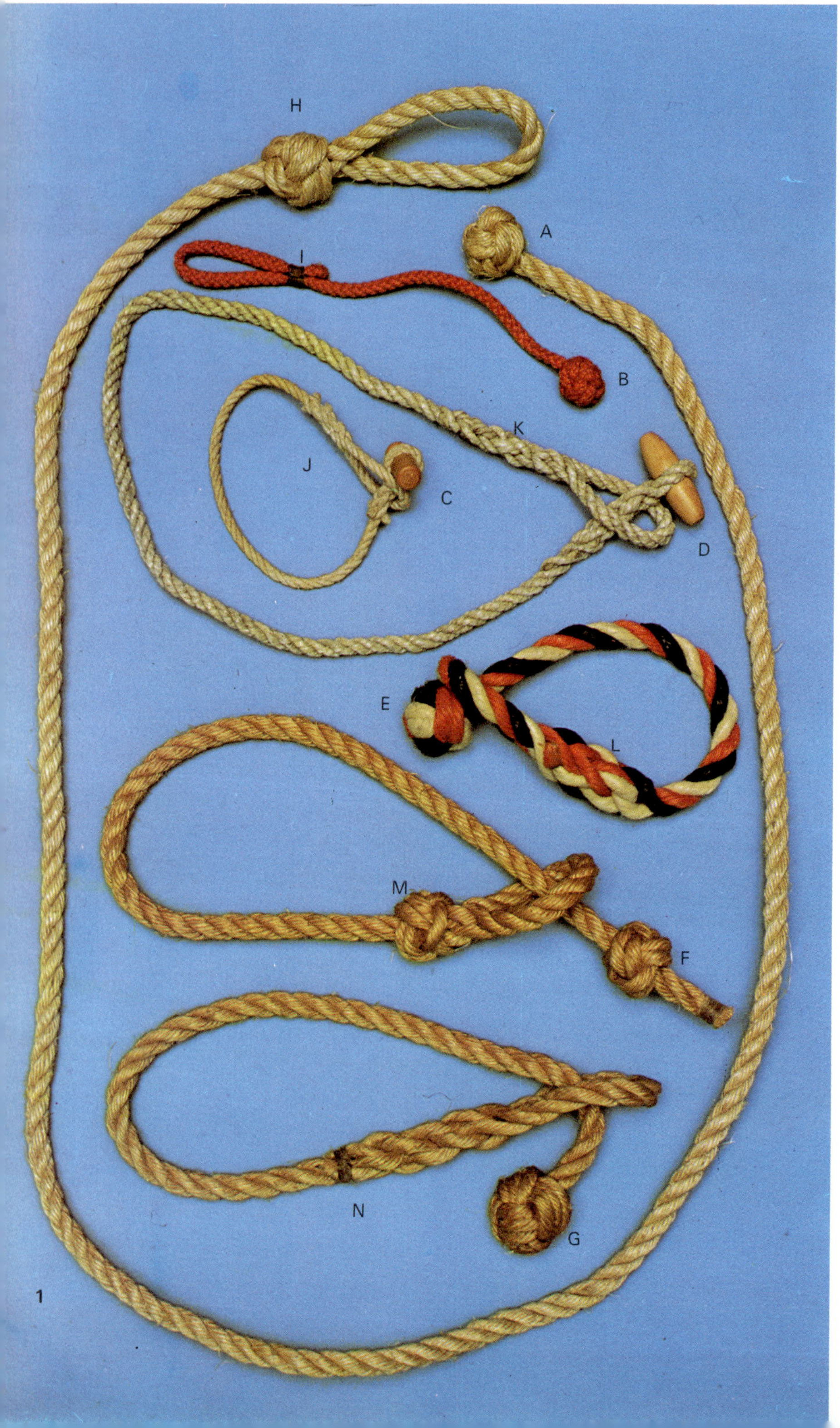

Offene Stropps, Zurrings (741)

Die Abb. 741 zeigt Beispiele aus der Vielzahl von offenen Stropps: eingespleißte Knebel (C, D), Stopperknoten (A, E, F, G), Affenfaust (B) und einen als Diamantknoten ausgeführten doppelten Stopperknoten (F). Das Auge wird gemäß Foto 761 mit einem Stopperknoten versehen. Man kann das Auge eines Stropps als normalen Augspleiß (J, K), als zurückgespleißten Augspleiß (L), als getakelten Augspleiß (N) oder als gebändseltes Auge (I) ausführen.
Siehe: Augspleiß: (621), doppelter Stopperknoten: (751), Affenfaust: (431), Diamantknoten: (781 – 791), Augspleiß mit Stopper: (761), Rundbändsel: (191), Takling: (161 o. 181), zurückgespleißter Augspleiß: (701)

Doppelter Stopperknoten (751)

Ein Stopperknoten hat zwei Verwendungsmöglichkeiten: als ständiger Endknoten oder als „Ausrauschbremse", die verhindert, daß ein Tampen durch einen Block schießt, also einen Fallreepsknoten (Seite 72/73) oder einen doppelten Stopper. Mit einem Kronenknoten (751A) fängt man an, darunter wird ein einfacher Stopper gelegt (751B); darauf verdoppelt man zuerst den Kronenknoten (751C), danach den Stopperknoten (751 DIO, 751 DIIS). Dabei läßt man die Kardeeltampen (Ik, Il und Im) je nach Belieben entweder seitlich aus dem Knoten heraustreten (751 DIO) und kappt sie oder man steckt die Tampen (IIk, III und IIm) quer durch den Knoten, so daß sie in der Mitte oben zusammen erscheinen (751 DIIS). Hier werden sie entweder gekappt (751 DIIU) oder wieder zum Tampen geschlagen und getakelt (751 DIIT).

I-m
I-k
I-l
II-k
II-l
II-m
A
B
C
DIO
DIP
DIIS
DIIT
DIIU
1

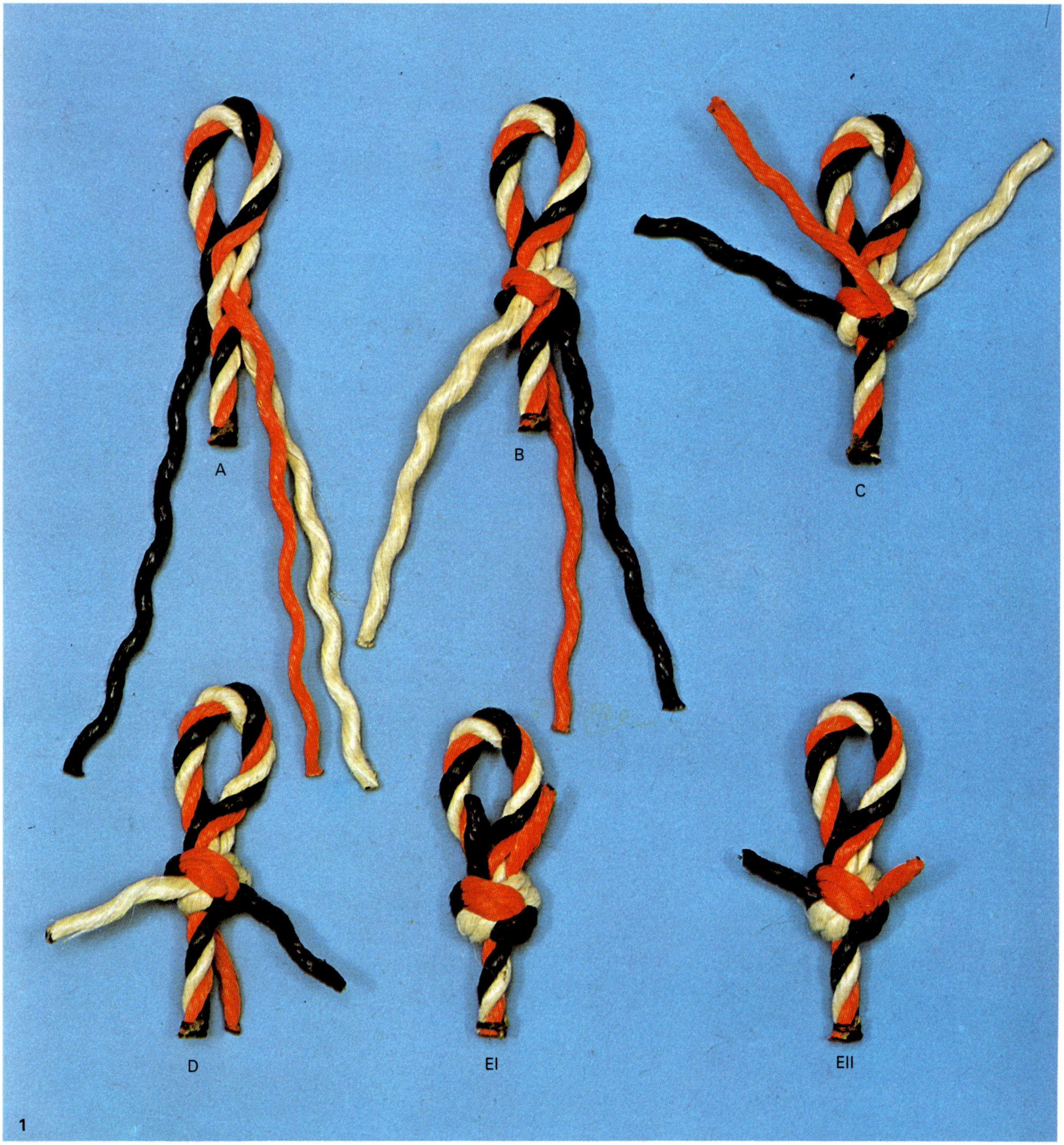

1

Augspleiß mit Stopperknoten (761)

Wie beim normalen Augspleiß (621 A, B, C, D, E) werden die Kardeele einmal untergesteckt (761A). Darauf folgen der einfache Stopper (641, 981) und der Kronenknoten gemäß Foto 642, 651 und 1001 (761C). Stopper- und Kronenknoten werden nacheinander verdoppelt. Hierfür kann man beim Kronenknoten zwei Wege einschlagen: Entweder werden die Kardeele zum Schluß so durch den Knoten gesteckt, daß sie oben, am Anfang, also beim ersten Spleiß, herausragen (761 EI), oder sie kommen seitlich an der gewölbten Seite des Knotens zum Vorschein (761 EII). In beiden Fällen werden die Kardeele gekappt. Der fertige Stopper sieht dann aus wie auf Foto 721-731.

1

Wie in Foto 741 H und M zu erkennen ist, eignet sich dieser Knoten ebenfalls für einen offenen Stropp. Möglicherweise muß das Ende vor Beginn des zweiten Spleißes (Knoten oder Knebel) erst durch das Gatchen oder ähnliches gesteckt werden. Wo das nicht möglich ist, kann der Stropp auch später beigebändselt werden. Der kugelförmige Stopperknoten soll das Bekneifen des Auges in Gat oder Block oder gar sein Ausrauschen verhindern. Ein offener Stropp durch eine Klampe auf dem Vorschiff, sofern sie durchbrochen ist, hält im Hafen die Fallen frei vom Mast.

Sehr nützlich ist der Stopper (a) am Augspleiß eines Klappläufers (b) (772), der durch einen Klappläuferblock (c) geschoren wird, der seinerseits am Klappläuferfall (d) angeschäkelt ist. Beim Vorheißen des Segels schert das Auge nicht aus dem Block, von dem es obendrein freibleibt. Zum Durchsetzen des Falls wird das Auge über einen Haken oder eine Klampe gelegt und das auf diese Weise entstandene Jolltau (laufender Block mit Krafthalbierung) steif durchgesetzt und belegt.

Das Foto links zeigt den Aufhänger eines Garderobenständers mit einem doppelten Stopperknoten verziert. Hierzu wurden lediglich der einfache Stopperknoten verdoppelt und die Kardeele gekappt.

2

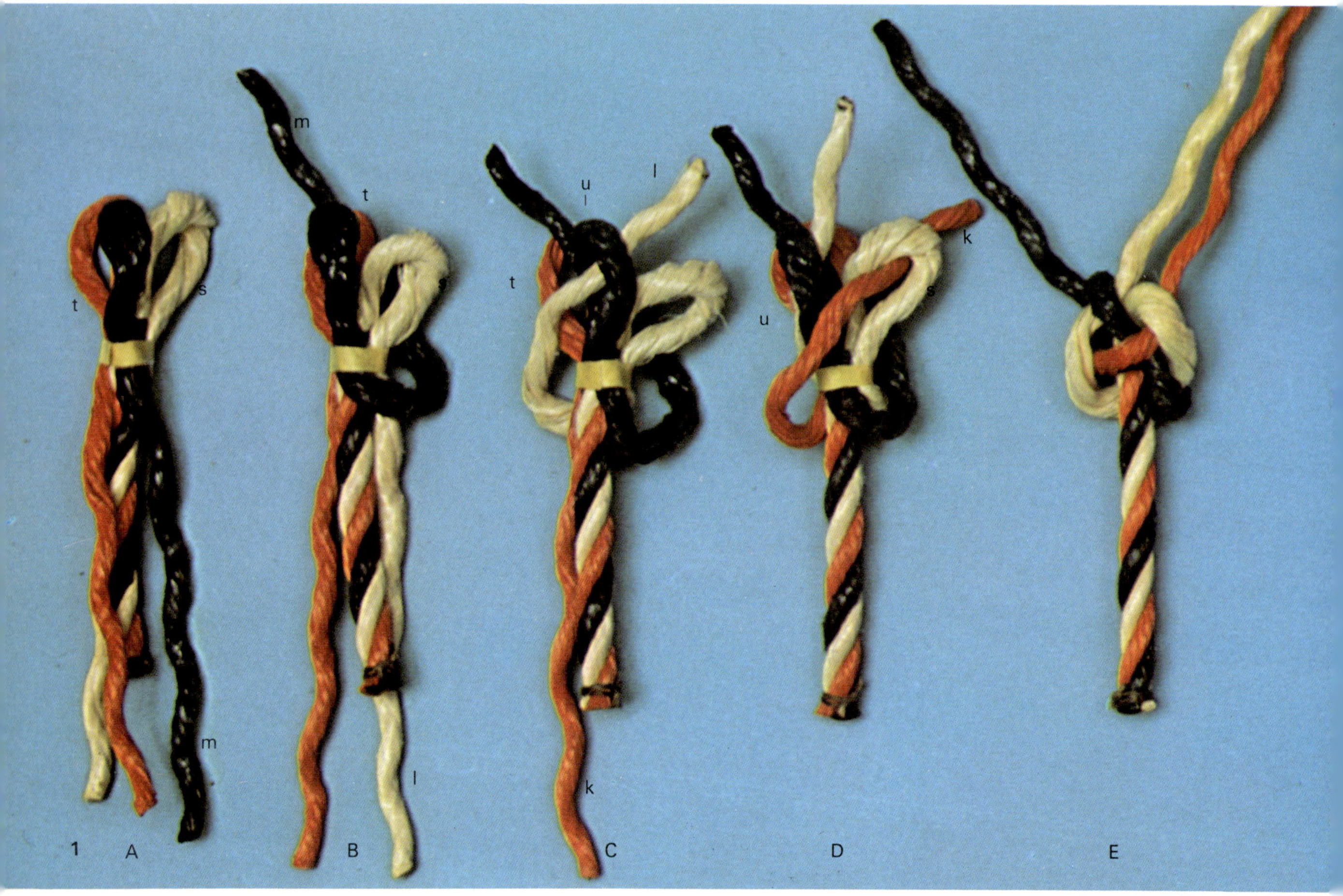

Diamantknoten (781 - 791)

Der Diamantknoten aus drei (einfaches Ende) oder aus sechs Kardeelen (doppeltgenommenes Ende) ist ein fülliger und fester Stopperknoten. Er findet vielerlei Anwendung als ausgesprochen dekorativer Zierknoten. Beispielsweise in Abständen von 30 cm ein Diamantknoten in einem dicken Hanftau ergibt ein prächtiges Klettertau. Oder wenn man zwei Enden in regelmäßigen Abständen mit Diamantknoten versieht und zwischendurch Trittbretter einschert, erhält man eine zünftige Strickleiter. Auf ähnliche Weise läßt sich ein hängendes Bücherregal herstellen oder ein Regal für Wäsche oder andere Utensilien im Bad. Wenn man dafür ein dikkes sechskardeeliges Manilatau verwendet und zum Schluß die Kardeele unter dem letzten Diamantknoten ausfransen läßt und auskämmt, lassen sich daran alle möglichen Klammern, Haarnadeln, Kämme und ähnliches aufbewahren. Eine solche Quaste aus sechskardeeligem, sehr dünnem Tau ergibt modische Anhänger, Ohrringe oder gar Staubpinsel.

Herstellung: Die drei Kardeele werden mit Isolierband oder Garn in Buchten gegen das eigene Ende fixiert (781A). Das Kardeel (m) wird außen herum um die nächstgelegene Bucht (s) genommen und von unten nach oben durch die dann folgende Bucht (t) gesteckt (781B). Auf die gleiche Weise wird zunächst mit den beiden anderen Kardeelen verfahren: Kardeel (l) um Bucht (t) herum und von unten durch Bucht (u) (781C); schließlich das dritte Kardeel (k) außen um Bucht (u) herum und von unten durch Bucht (s) (781D). Durch

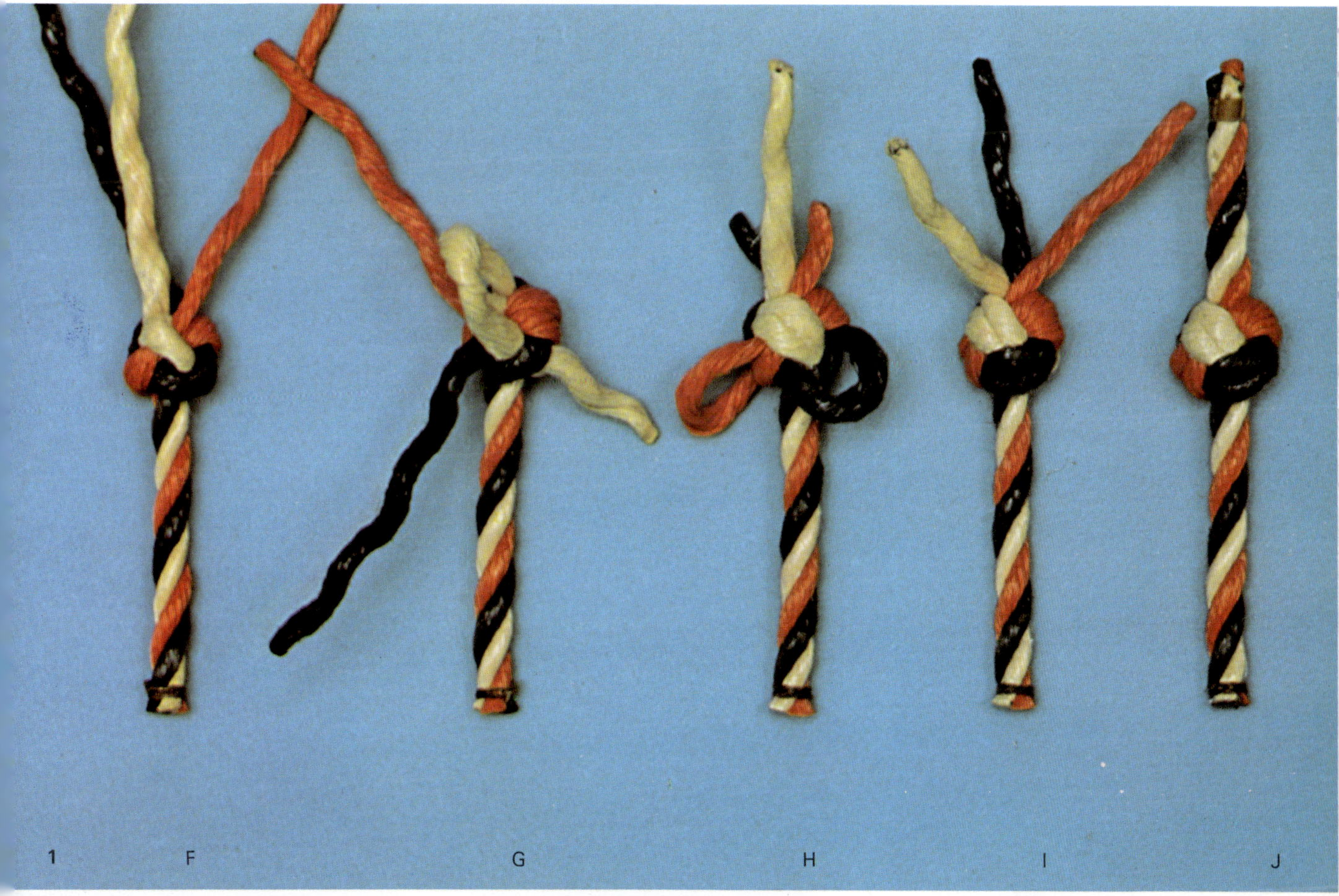

umsichtiges Dichtholen (781 D, E) erhält man so den einfachen Diamantknoten (791F). Anschließend werden die drei Kardeele von oben nach unten zurückgesteckt (verdoppelt) (791G) und danach noch einmal nach oben geführt (791H). Sie kommen nun oben in der Mitte heraus (791I) und können hier entweder gekappt oder wieder zu einem Tampen geschlagen und mit einem genähten Takling abgeschlossen werden (791J).
Anstelle der oben beschriebenen gibt es noch eine andere Methode, um zur ersten Zwischenphase, dem einfachen Diamantknoten (791F) zu gelangen. Dazu steckt man einen Kronenknoten (651C) nicht zu fest und führt die folgenden Arbeitsgänge aus: Das orangefarbene Kardeel (k) wird aus der schwarzen Bucht herausgeholt, außen um diese herumgenommen und neben das schwarze Kardeel (m) unter die gelbe Bucht gesteckt; das schwarze Kardeel (m) wird unter der gelben Bucht hervorgeholt, um diese außen herumgenommen und neben dem gelben Kardeel (l) unter die orangefarbene Bucht gesteckt. Schließlich wird das gelbe Kardeel (l) aus der orangefarbenen Bucht gezogen, außen herumgenommen und neben dem orangefarbenen Kardeel (k) unter die schwarze Bucht gesteckt. Diese Prozedur führt zu Abbildung 781E. Weiter geht's wie oben: vorsichtig dichterholen, verdoppeln, verdreifachen und takeln.

1

Doppelter Schauermannsknoten (811)

Seit alters her wird der Schauermann, der übrigens nicht schwierig zu legen und ohne große Mühe steif zu holen ist, in den Tampen des Pützstropps gesteckt, um zu verhindern, daß dieser unversehens durch die Hand rauscht. Der einfache Schauermann gehört zur Salzwasserpütz, der doppelte in den Tampen der Süßwasserpütz. So ist auch im Dunkeln ein Irrtum ausgeschlossen. Weiter wurde der Schauermannsknoten als Stopperknoten in der oberen Jungfer eines Taljereeps (zum Spannen der Wanten) verwendet. Er hieß dann Taljereepsknoten und wurde in das für Taljereeps benutzte vierkardeelige Tauwerk gesteckt. Zweckentfremdet läßt sich der doppelte Schauermann auch als Basis für Kammhalter, Tischhandfeger oder Staubpinsel (1151) verwenden. In dünnem Tauwerk angefertigt kann er als Anhänger Schmuckstück sein.

2

A
B
C
D
E
F
1

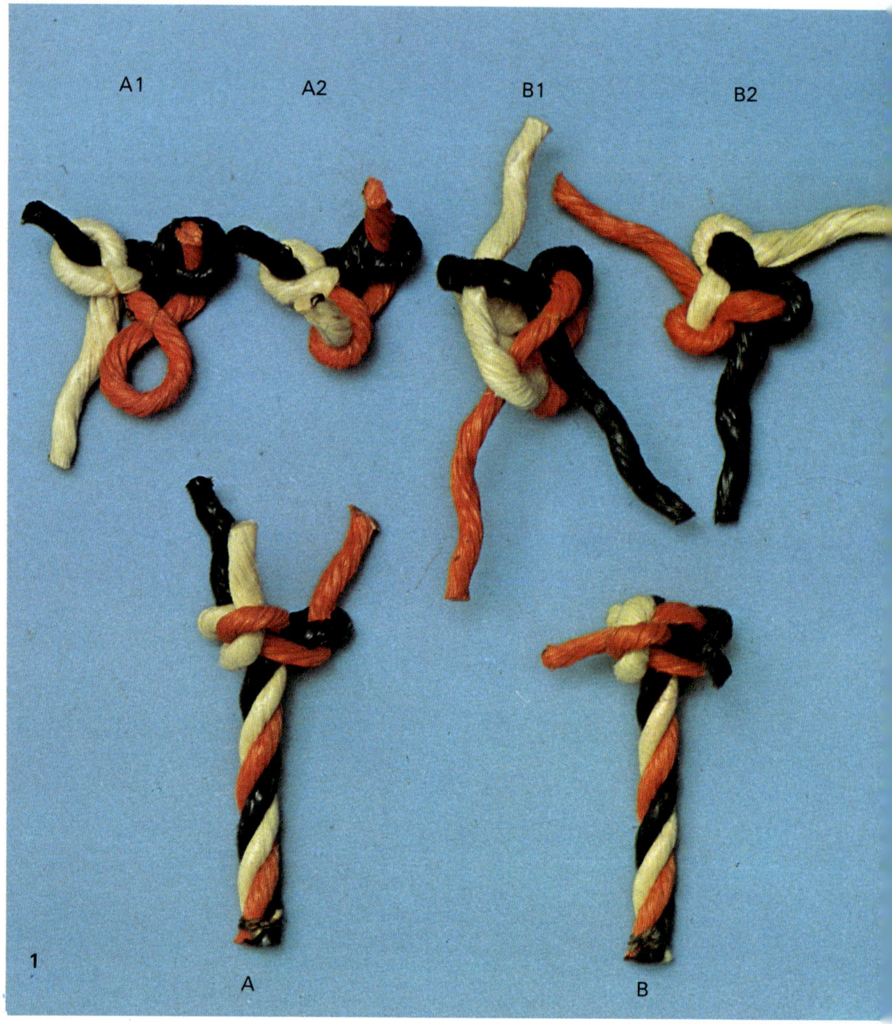

Sternknoten (821 – 831)

Der Sternknoten, der bisweilen auch Kettenknoten genannt wird, da seine Buchten Kettengliedern gleichen, wird oft als schwieriger Knoten beschrieben. Davon sollte man sich jedoch keinesfalls abschrecken lassen, es nicht doch einmal zu versuchen. Anhand der Fotos lassen sich die einzelnen Schritte ruhig und besonnen nachvollziehen, und bald ist der Sternknoten für uns kein Geheimnis mehr.

Anwendungen für den Sternknoten gibt es viele: am Gürtel, als Kammhalter, Anhänger, Stopperknoten, Ohranhänger, Türgriff oder Schubladenknopf. Zwar ist nicht grundsätzlich festgelegt, aus wieviel Kardeelen der Sternknoten gesteckt werden muß (drei Kardeele ist die Mindestzahl), jedoch wird er schöner und größer mit vier oder sechs Kardeelen.

Man beginnt mit einer Variante des Stopperknotens, dem Augstopperknoten linksherum (822 A, A_1, A_2), und fährt fort in entgegengesetzter Richtung mit einem rechtsherum gesteckten Kronenknoten – siehe Beispiel 1001B – (822 B, B_1, B_2). Im Anschluß daran wird der Augstopperknoten verdoppelt (831 C, C_1, C_2), wobei die Kardeele (Ck, Cl, Cm) oben im Zentrum des Knotens zum Vorschein kommen. Nun verdoppelt man ebenfalls den Kronenknoten (831 D, D_1, E, F, F_1), wodurch die Kardeele (Ck, Cl, Cm) wieder unten aus dem Knoten herauskommen (831E). Steifgeholt liegen sie parallel zum Tampen nach unten gerichtet (831 F). Schließlich werden die Kardeele (Fk, Fl, Fm) entlang der jeweils nächstgelegenen Bucht und durch den Kern des Kno-

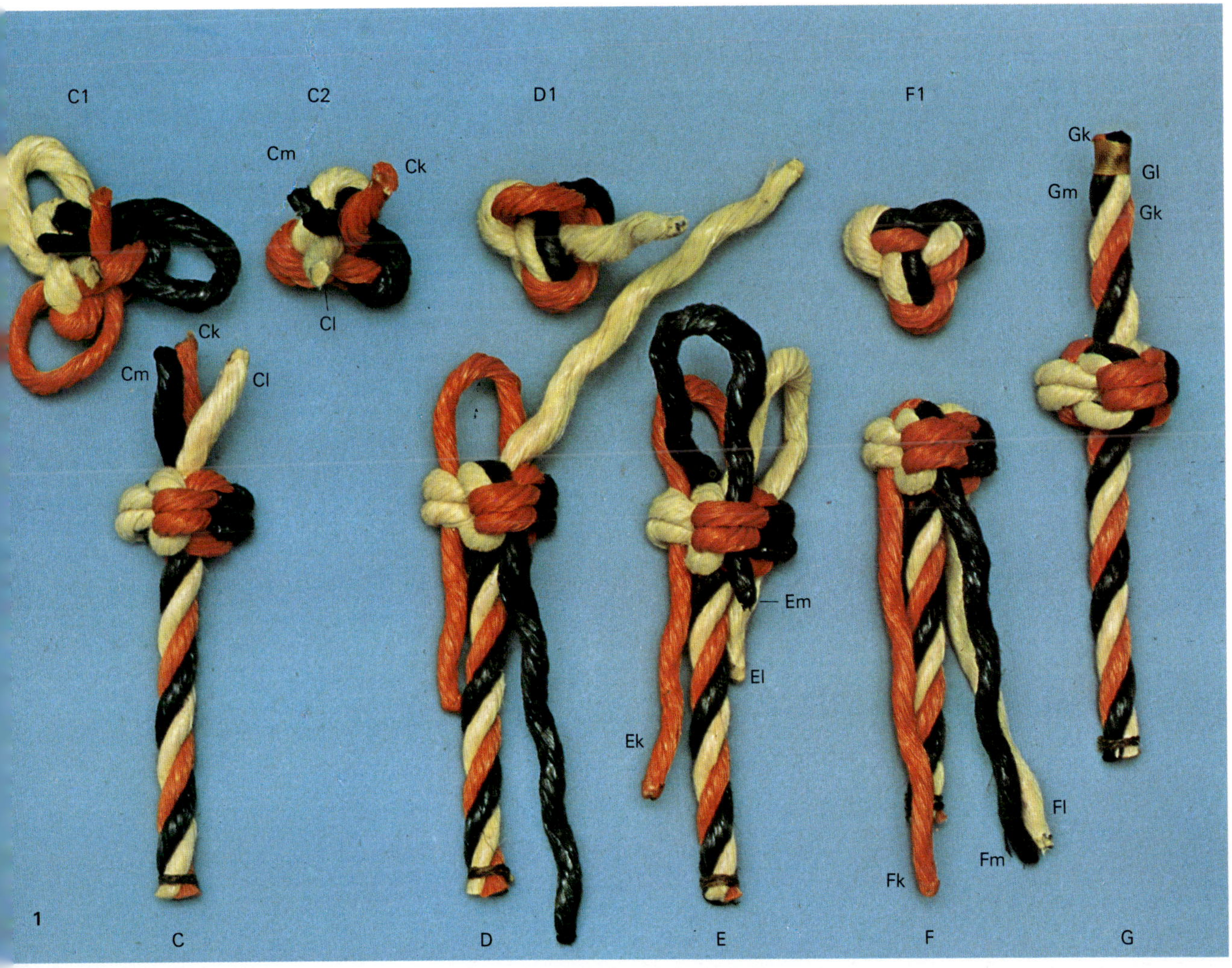

tens nach oben gesteckt, wo sie wieder zum Tampen geschlagen und mit einem einfachen (161) oder einem genähten Takling (181) gesichert werden (831G).

Eine Variante hierzu: Die Kardeele werden nicht wieder ineinandergedreht, sondern zu einem Kronenknoten linksherumgesteckt (1001a), anschließend noch einmal durch den Knoten nach unten geführt, wo sie parallel zum Tampen hervorkommen und gekappt werden. Auf diese Weise lassen sich Zeiser mit Knebel und Auge, ebenso Knöpfe für Mäntel, Pullover, Taschen oder Persenning herstellen. Dazu nimmt man zwei Enden einer dünnen Leine und steckt einen sechskardeeligen Sternknoten mit Abschlußkrone. Dieser wird auf die eine Seite als Knopf genäht, die andere Seite erhält eine passende aufgenähte Schlaufe als Knopfloch, ähnlich der Knebelschließen eines Dufflecoats.

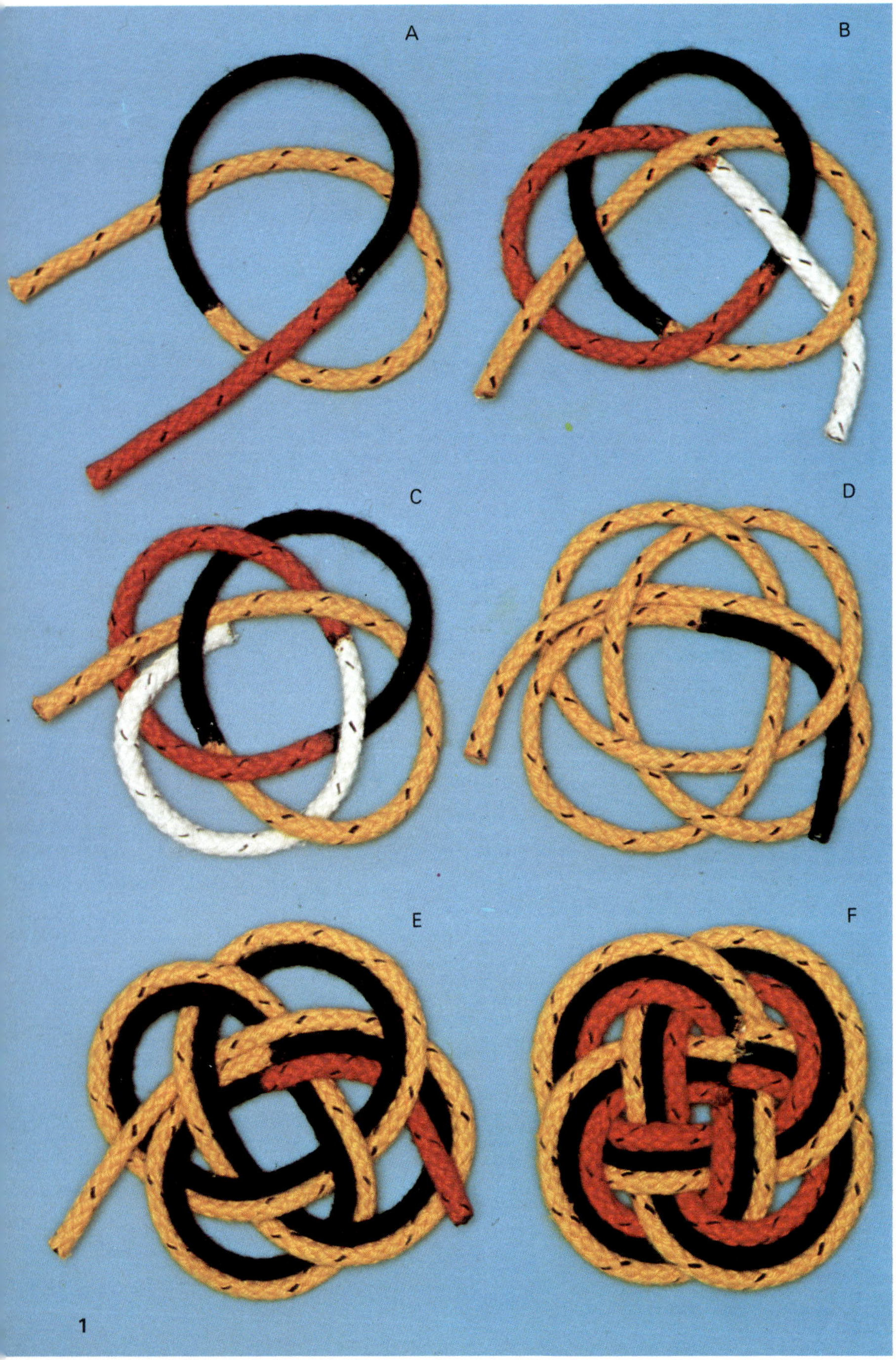

Runde Doppelter-Trossenstek-Matte (841)

Zum Flechten von Matten wurde früher ausrangiertes Tauwerk verwendet. Die noch brauchbaren Enden wurden herausgeschnitten und für das Mattenflechten bewahrt. Auf diese Weise ging kein kostbares Gut verloren.

Runde Matte (851)

Untersetzer für Gläser (842) oder, in größerer Ausführung, für Töpfe und Pfannen ist eine der vielen Anwendungsmöglichkeiten für runde Matten. Um zu verhindern, daß ein Fußblock das Deck beschädigt oder ganz einfach weniger Lärm erzeugt, wird eine runde Matte über das Decksauge gestülpt (852).

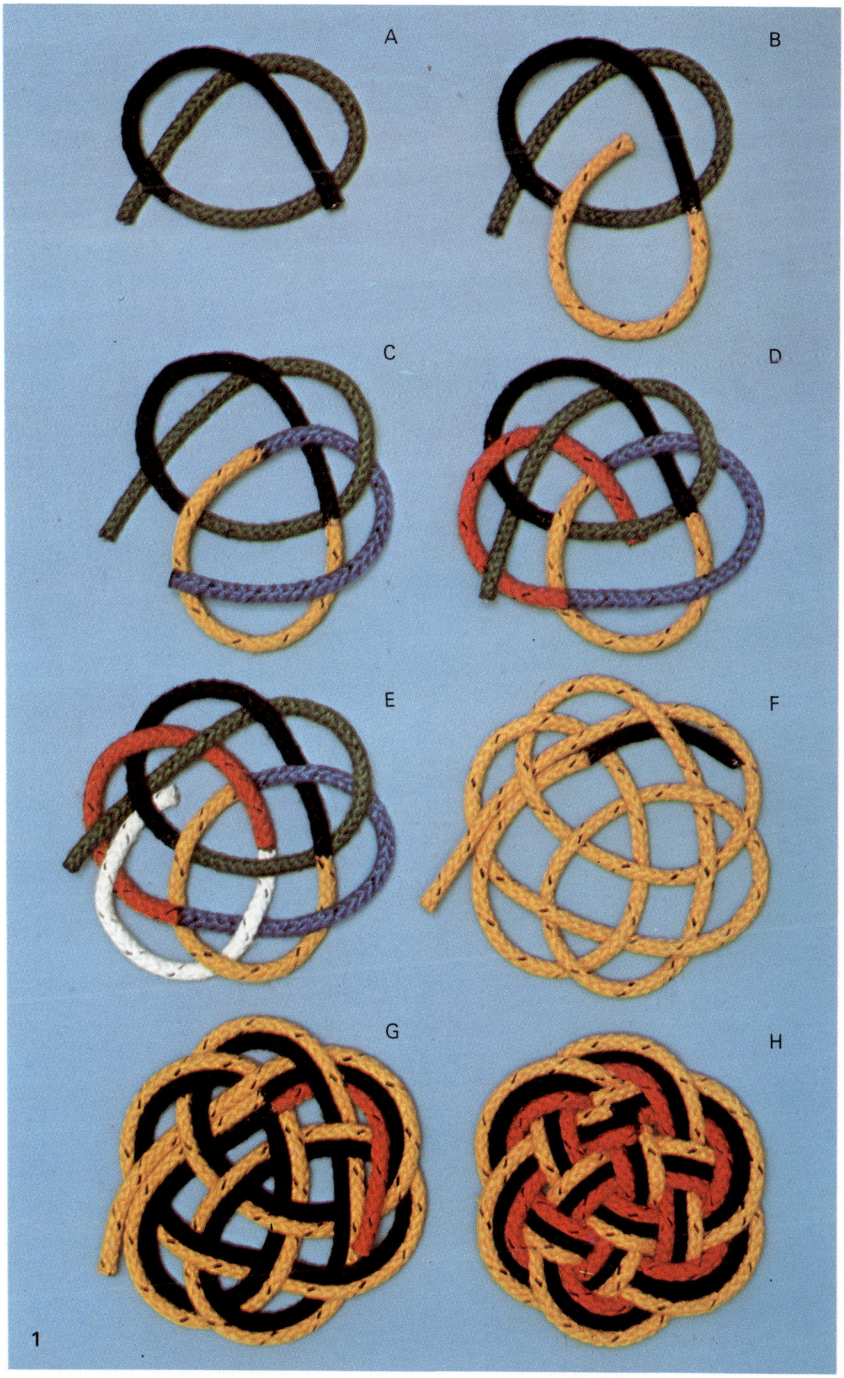

1

2

1

2

Ozeanmatte (861)

In seiner „Knotenbibel" „The Ashley Book of Knots" nennt der gleichnamige Autor diese Matte: „Ocean Plate". Gefunden hat er diese Bezeichnung in einer Kollektion des South Kensington Museums. Raoul Graumont und John Hensel geben in ihrer „Encyclopedia of Knots and Fancy Rope Work" dieser Matte den Namen: „The Sailor's True Lover Mat Weave". Und Chas. L. Spencer beschreibt sie in seinem Buch „Knots, Splices & Fancy Work" unter dem Titel: „Ocean Plaits or Mats – Oval Mat" (Ozean-Plattings oder Matten – Ovale Matte).
Kurzum, eine Matte mit nicht nur zahlreichen Namen, sonden auch ebenso vielen Variationen und Anwendungen, in jeder gewünschten Länge und mit beliebig großer Anzahl parallel laufender Buchten.
Die schlichteste Form der ovalen Matte wird in Foto 861 schrittweise dargestellt. Obwohl die Fotos eigentlich keiner textlichen Erläuterung bedürfen, sei die Arbeitsweise dennoch kurz aufgezeigt: Man zeichnet sich am besten die einzelnen Stadien (861 A bis F) in natürlicher Größe, die die Matte später haben soll, also etwa 55 x 35 cm, auf Papier auf. Auf diese Vorlage werden zunächst die einzelnen Buchten gelegt bis Abbildung F. Sodann wird diese einmal geflochtene Matte verdoppelt und zum Abschluß die nebeneinanderlaufenden Enden vernäht. Dies gibt der Matte mehr Festigkeit.
Das eingeschobene Foto zeigt eine fünffach geschlagene ovale Matte aus etwa 20 Meter manilafarbigem Polypropylentauwerk von 10 mm Stärke. Die Matte, die 53 x 31 cm mißt, wurde nicht vernäht, sondern an der Unterseite mit Silikonleim bestrichen. Dadurch wurde sie wohl etwas glatt und auf hartem Untergrund weniger rutschfest, aber auf einem Teakdeck oder eingefaßt mit einem Holzleistenrahmen ist das kein Problem.
Der Schlüsselanhänger auf dem Foto 862 ist eine fünffache Affenfaust mit einer Korkkugel als Kern.
Aus der anfangs beschriebenen doppeltgeflochtenen ovalen Matte läßt sich auf einfache Weise ein Türkischer Bund herstellen, indem man durch die Mitte (s) ein Rundholz steckt (861H) und alle Buchten nach und nach dichtholt. Das Resultat ist ein schmuckvolles Armband mit zwei eingearbeiteten Rosetten.

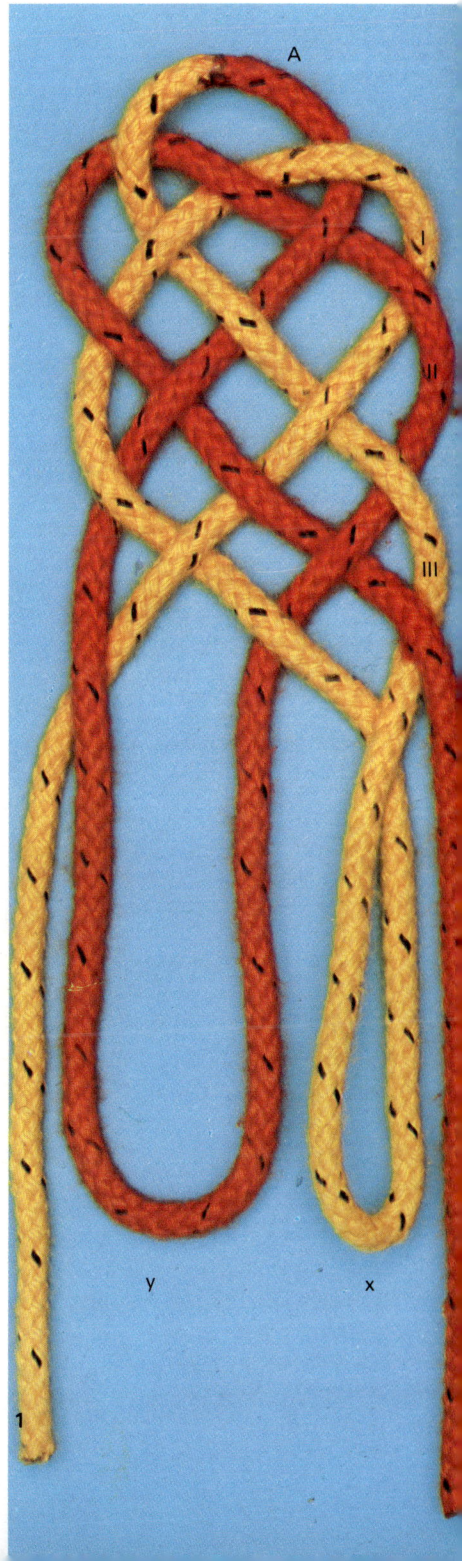

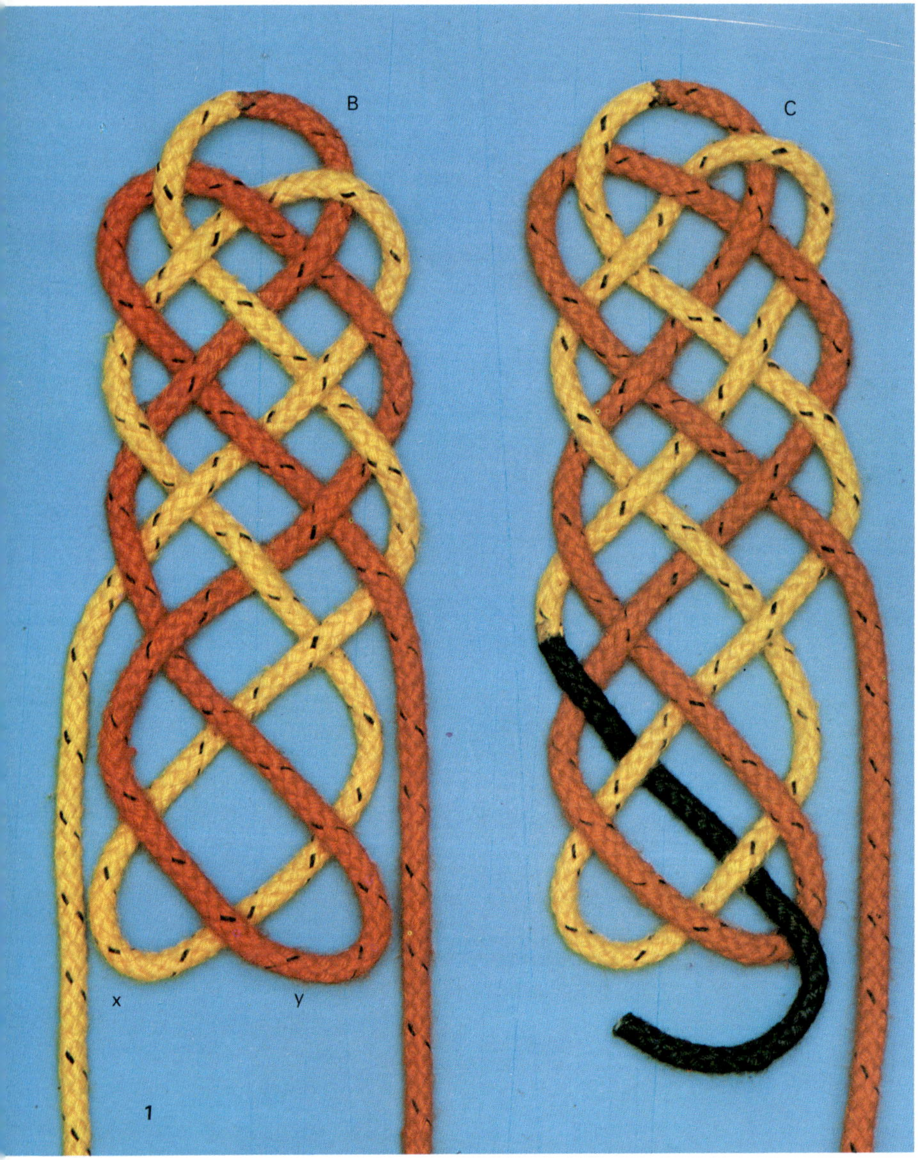

Verlängerte ovale Matte (871 – 881 – 891)

Die einfache ovale Matte kann nach Belieben in der Länge erweitert werden und läßt sich dann als eine Art Läufer im Gangbord verwenden. Hierfür werden jeweils mindestens drei Buchten in Längsrichtung hinzugefügt (891E I, II, III, IV, V, VI verglichen mit 861F I, II, III).

Wichtig ist es, dafür zu sorgen, daß die Augen (x und y) im Foto (861 A, B, C) ausreichend lang sind, um sie nach dem Legen der einfachen Matte bis Stadium (861F) noch weiter kreuzen zu können. Die Endphase in Foto 861F ist der Beginn der Erweiterung (871A). Sodann wird gemäß (861 C bis E) weitergeflochten (881 C bis F).

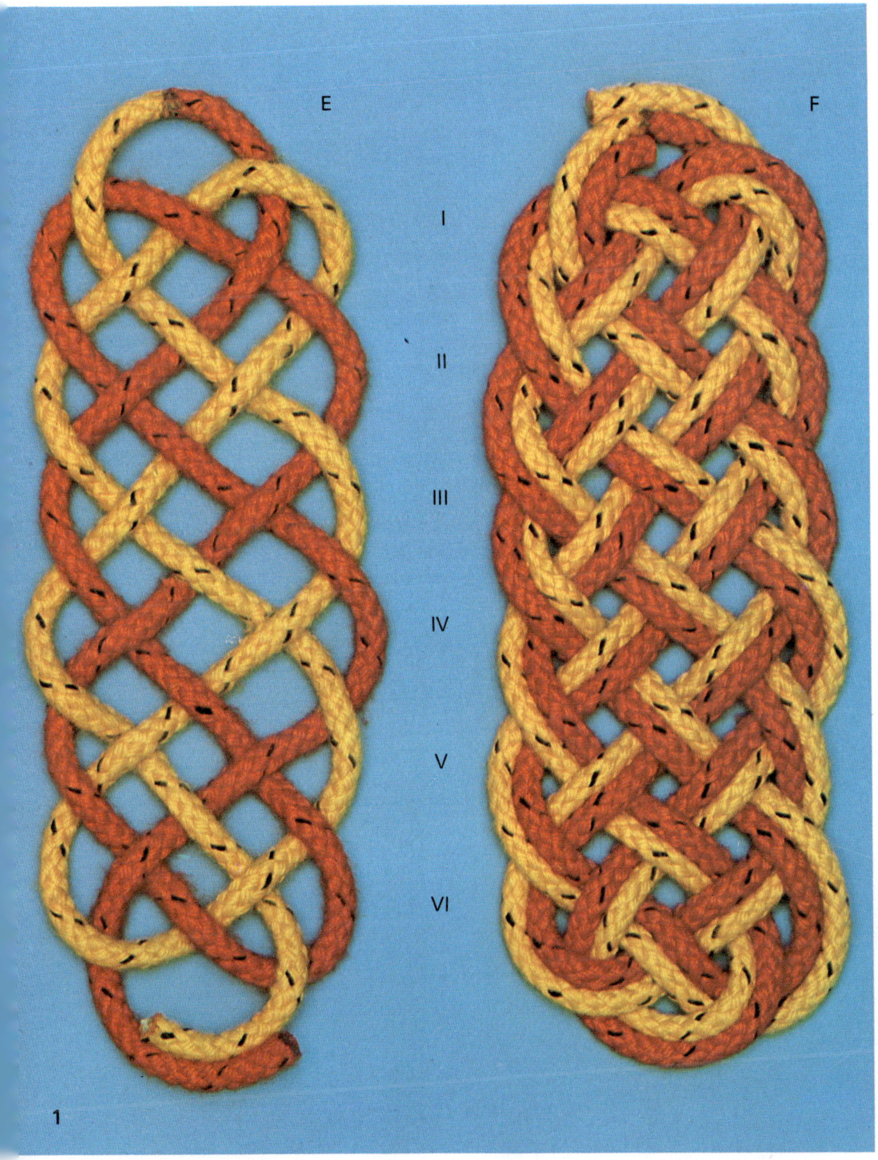

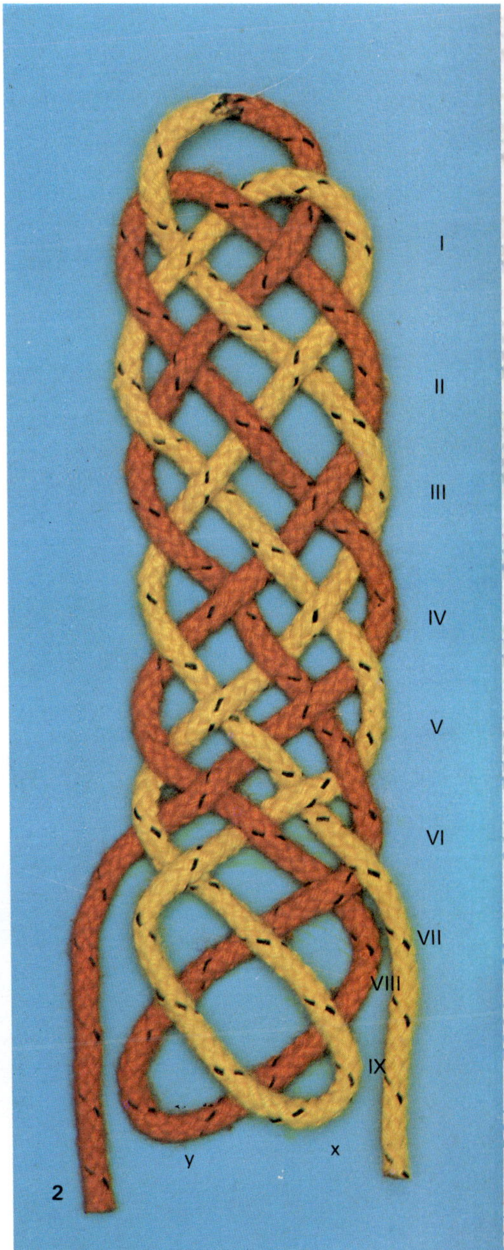

Zweimal verlängerte Matte (892)

Hierbei müssen die Augen (x und y) in Foto (861 A, B, C) noch reichlicher genommen werden als bei der einmal verlängerten Matte. Entsprechend gilt auch hier das Endstadium (881D-891E) als Anfang der zweiten Erweiterung (892). Gleicherweise wird die Matte gedoppelt und vernäht.

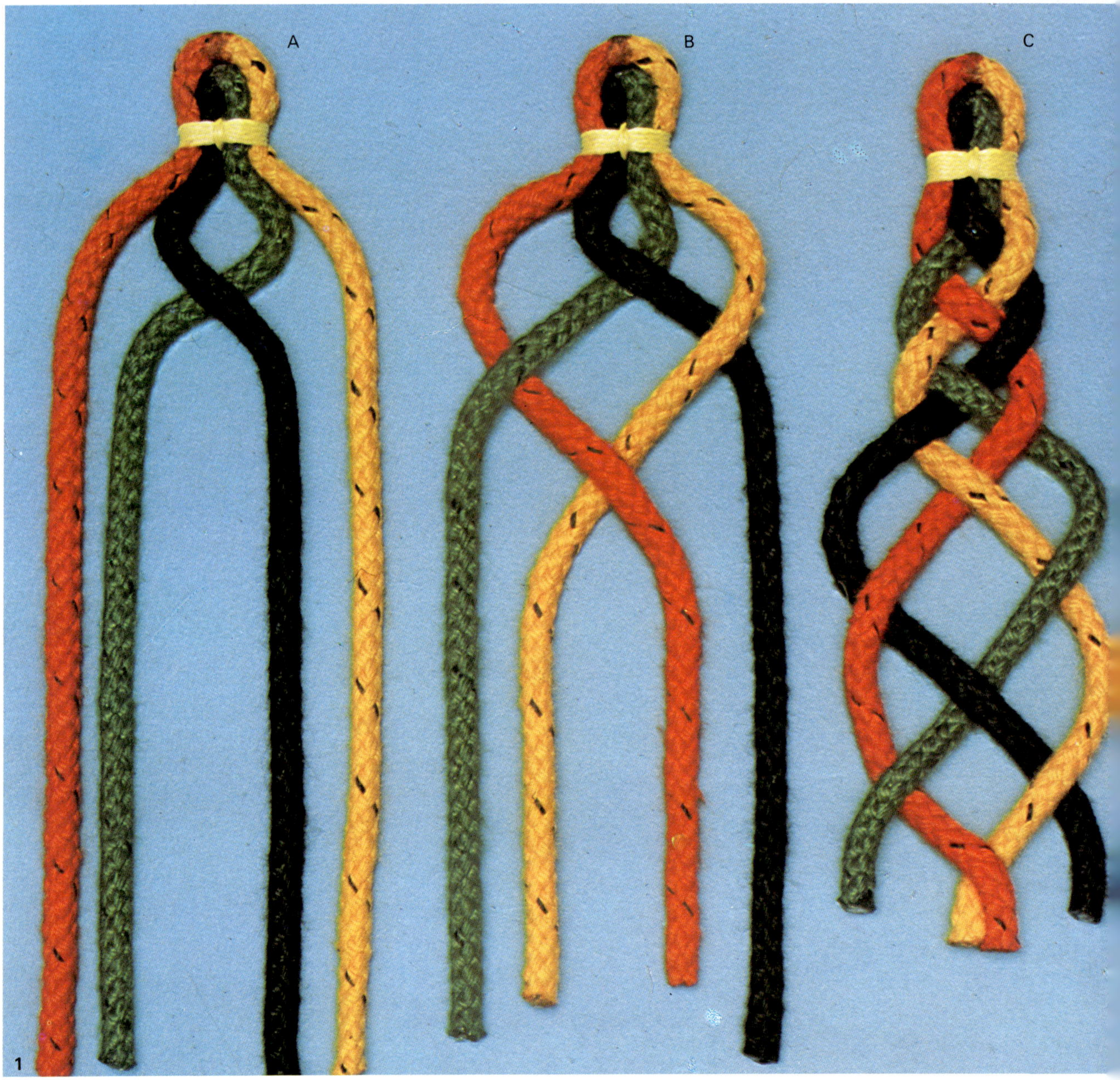

Französische Platting – vierpartig (901-911)

Eine Platting wird jede Art von Flechtwerk mit Garn oder dünnem Tauwerk genannt; die einfachste Platting ist der Zopf der kleinen Mädchen. Die französische Platting ist gleichermaßen ein geflochtener Zopf, jedoch ein vierpartiger, der sich beispielsweise als Sicherheitsgurt (Lifebelt) oder als Gürtel verarbeiten läßt.

Französische Platting – sechspartig (912)

Für einen Lifebelt dreht man von einem 12 bis 14 mm starken Ende eine Seite etwa eineinhalb Meter auf und

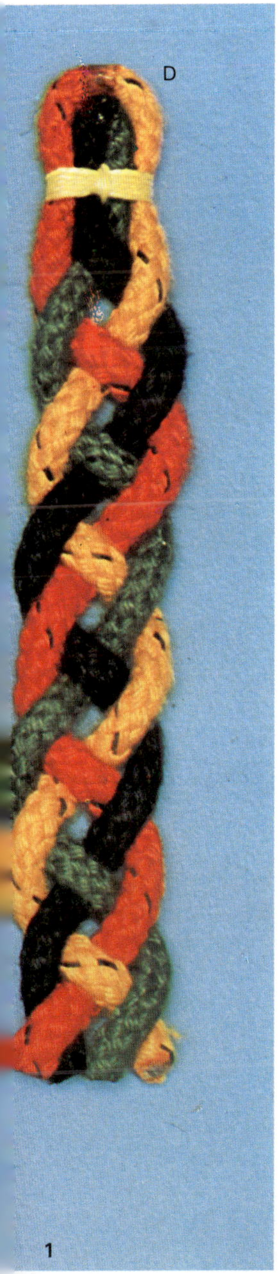

1

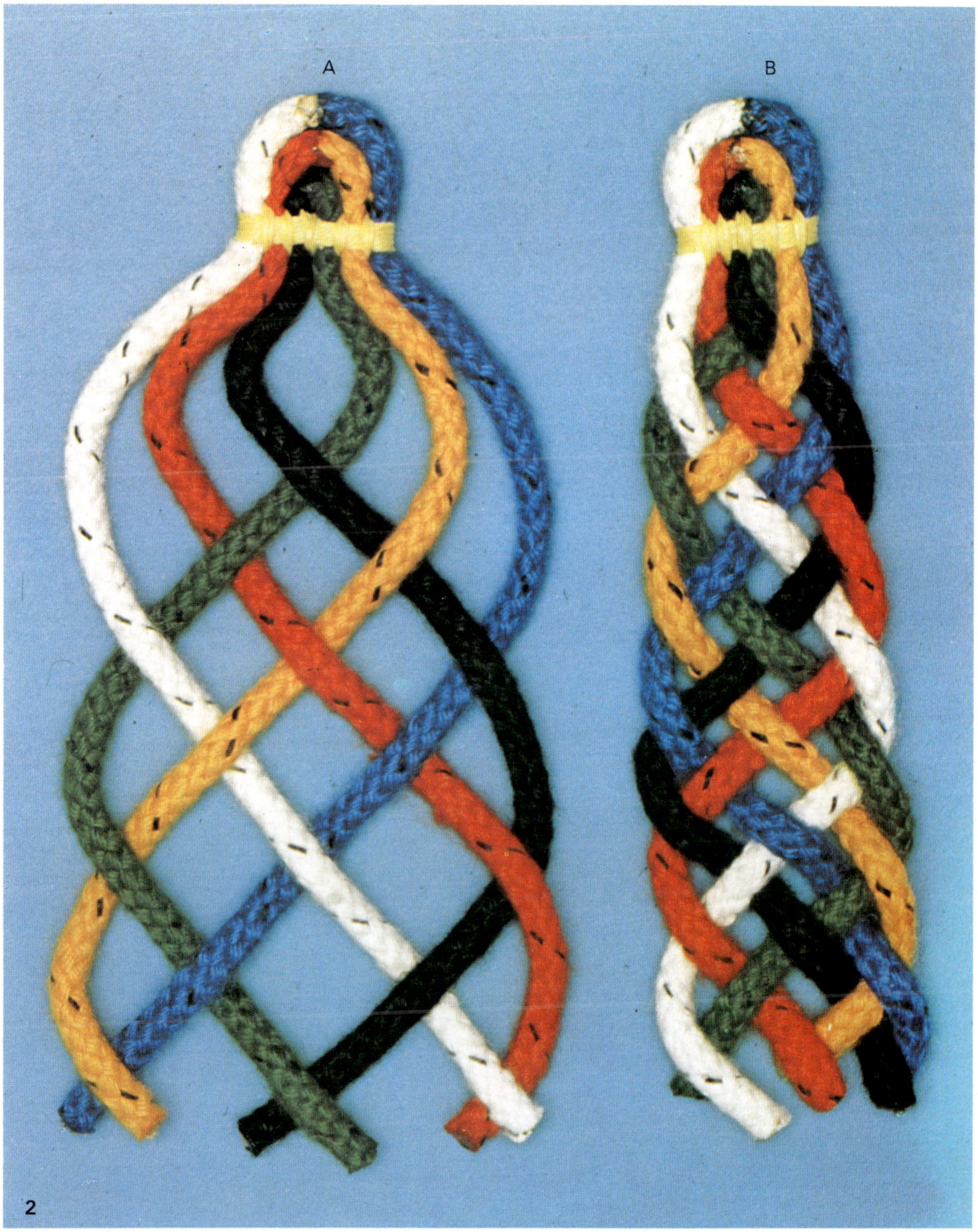

2

legt einen Takling, um weiteres Ausdrehen zu verhindern. Die drei Kardeele werden halbiert, wodurch sechs Parten entstehen. Hieraus flechtet man die französische Platting (912). Paßt diese der Länge nach um den Körper, werden die Kardeelhälften wieder zusammengedreht und zu einem Tampen geschlagen. Nun spleißt man diesen Tampen in die andere Part zu einem über den Körper passenden Auge (621), so daß die Platting Rücken- und Seitenteil des Gurtes bildet. Der Spleiß wird mit einem genähten Takling abgeschlossen. Mit einem gleitenden Türkischen Bund (1061 oder 1071) läßt sich das Auge um die Brust festziehen.

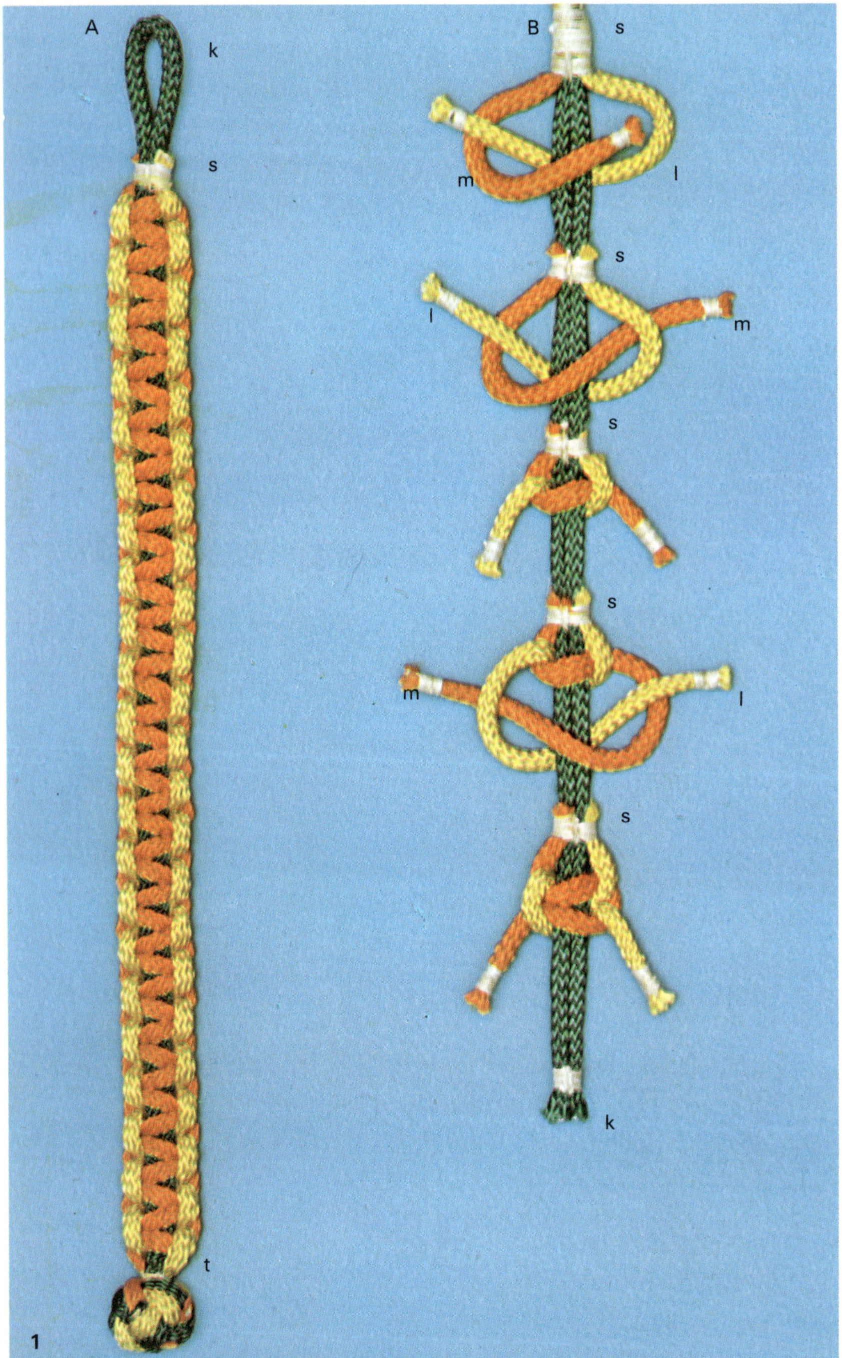

1

Überhandknotenplatting (Flachplatting) (921)

Es erhebt sich die Frage, ob es hier noch um Seemannsknoten oder bereits um Handarbeit geht. Fancywork, wie diese seemännische Flechtarbeit genannt wird, ebenso wie Makramee, die Knüpfkunst mit Webfäden, gehörte zum Zeitvertreib der Schiemänner (Matrosen). Material (altes Tauwerk) und Zeit hatten sie im Überfluß.

Diese Platting (921) wird aus einem doppelpartigen Kern (k) und zwei Tampen (l,m) geflochten, die mit einem Rundbändsel (s) so am Kern befestigt werden, daß dabei zugleich ein Auge als Knopfloch entsteht.

Mit den beiden Tampen werden Überhandknoten gelegt (921B), abwechselnd laufen der linke und der rechte Tampen über oder unter dem Kern. Hat die Platting die gewünschte Länge erreicht, kommt wieder ein Rundbändsel als Abschluß (t). Das Armband (921A) trägt 44 Überhandknoten und als Knopf einen Fallreepsknoten (721 – 731).

Material: zweieinhalb Millimeter starke Baumwollkordel, geflochten, grün: 60 cm, gelb und orangefarben: je 90 cm. Zwischen Auge und Knopf mißt das Armband 21 cm.

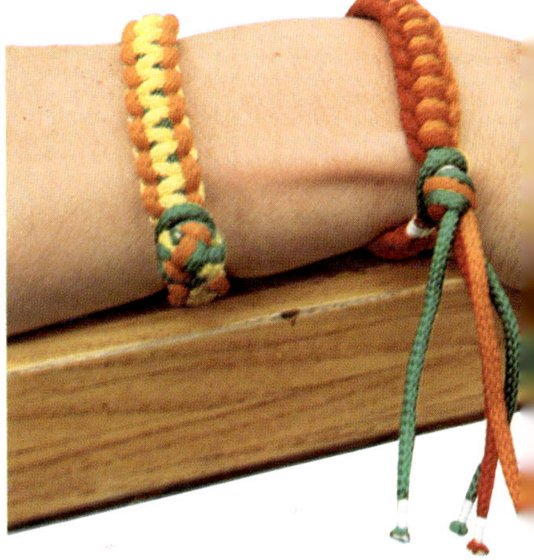

Halber-Schlag-Platting (931)

Diese Platting ähnelt der vorigen (Überhandknotenplatting), aber sie wird mit einem anderen Knoten geflochten. In einen doppelt genommenen Kern (k) wird mit einem Rundbändsel (s) ein Auge gelegt, woran gleichzeitig zwei Tampen (l, m) befestigt werden. Mit diesen werden dann abwechselnd halbe Schläge um den Kern gelegt, mit Rot linksherum und mit Orangefarben rechtsherum (931B). Nach etwa 55 Schlägen wird wieder ein Rundbändsel gesetzt und ein vierpartiger Schauermannsknoten (801) als Knopf gesteckt. Die Tampen werden etwas länger gekappt und mit einem einfachen oder genähten Takling gesichert.

Material: zweieinhalb Millimeter starke geflochtene Baumwollkordel, grün: 70 cm, rot und orangefarben: jeweils 90 cm. Die Platting mißt zwischen Knopf und Auge etwa 20 cm.

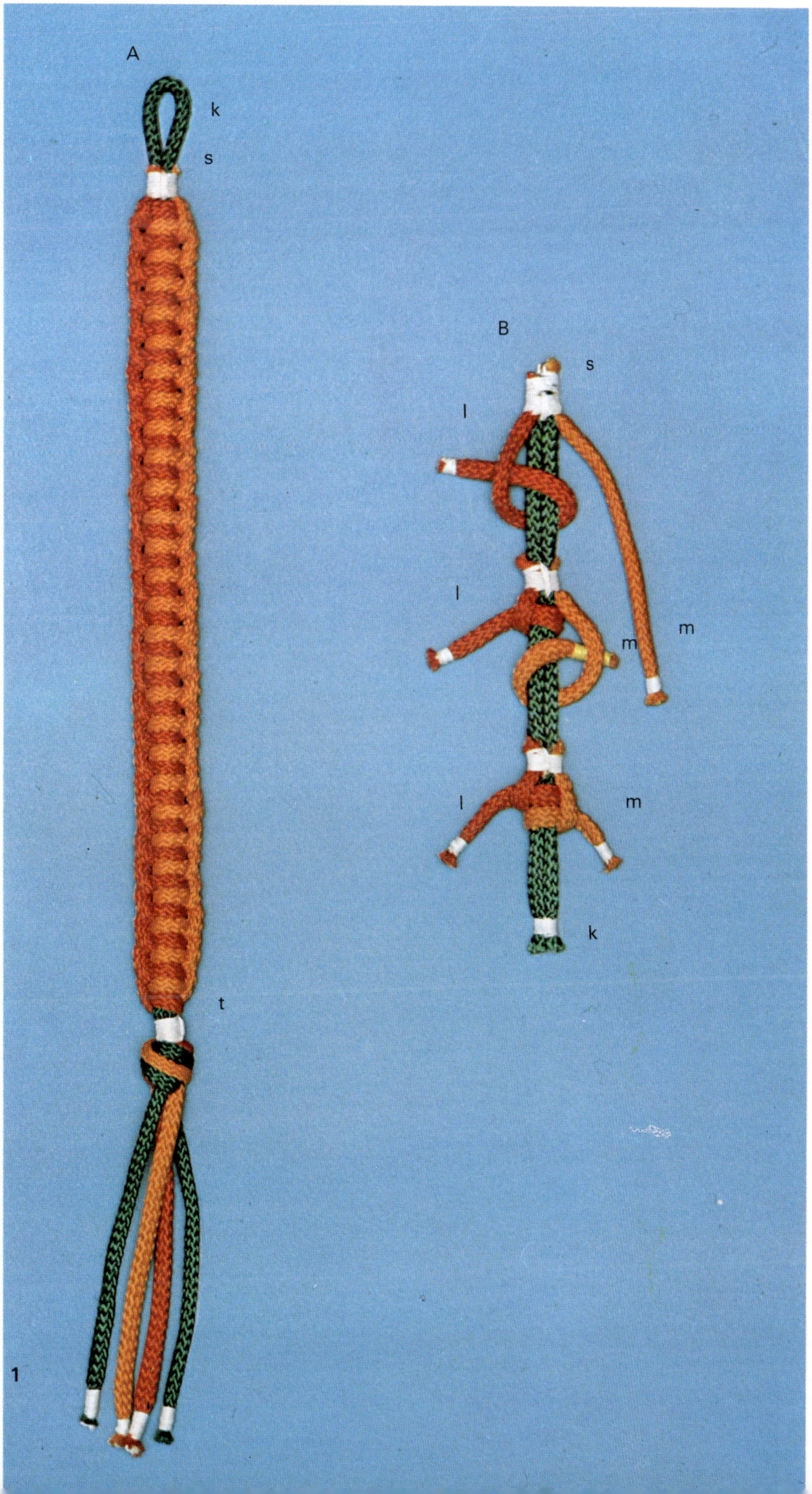

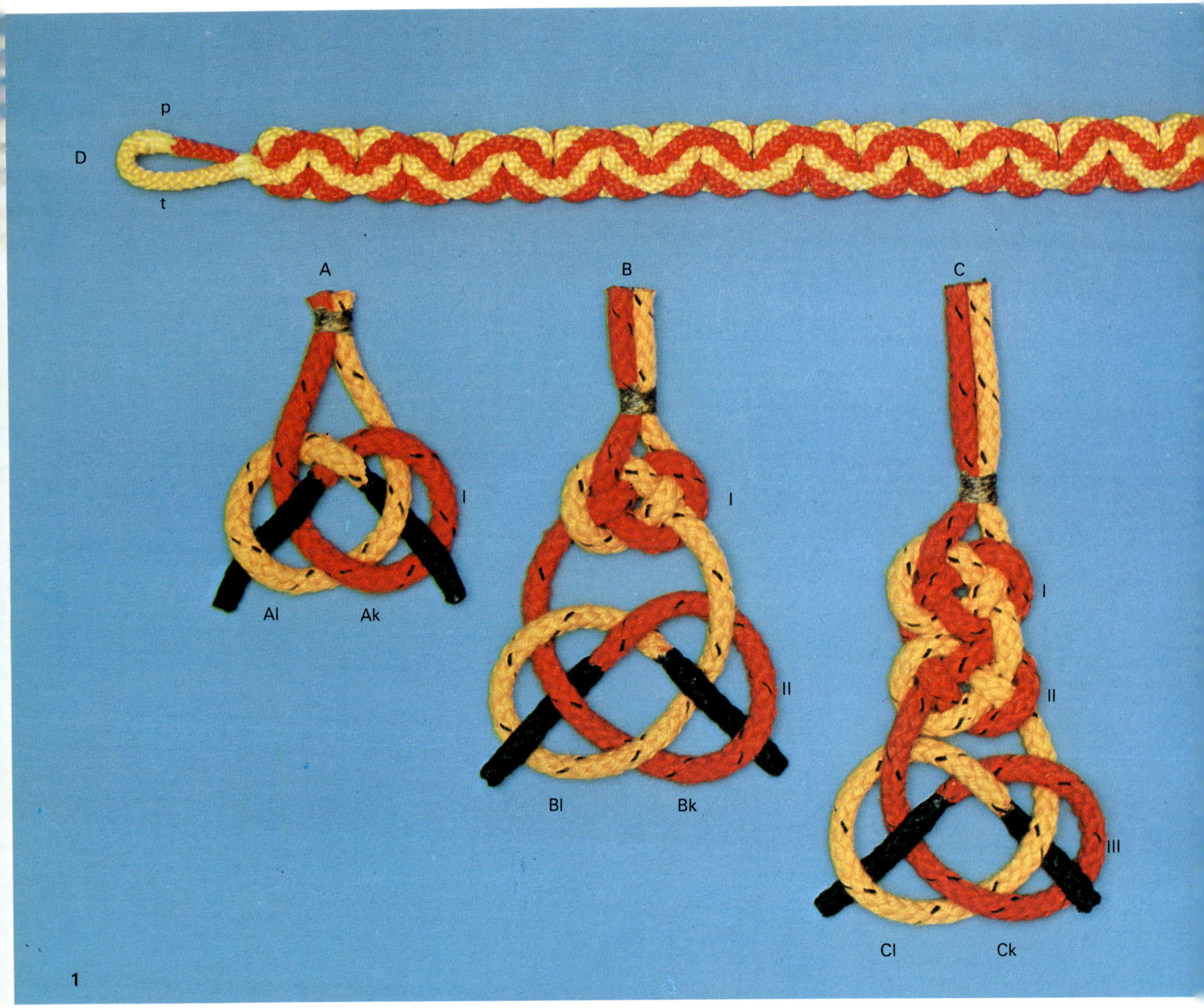

1

Trossenstekplatting (941)

Da sie in waagerechter Lage ein dekoratives Muster aufweist, eignet sich diese Platting gut als Gürtel.
Als erstes werden zwei verschiedenfarbige Enden aneinandergenäht sowie ein für den späteren Knopfknoten (951D) passendes Auge gebändselt (941D). Anschließend steckt man mit den beiden Tampen Trossensteks (351), und zwar fährt abwechselnd die rote Part (Ak) über dem gelben Auge (Al) (941AI), danach die gelbe Part (Bl) über dem roten Auge (Bk) (941BII). Zwischendurch werden die Trossensteke steifgeholt (941BI und CII). Auf diese Art geht's weiter, bis die notwendige Länge erreicht ist und die beiden Enden wieder beigebändselt werden (siehe Pfeil in 951D). Dieses Bändsel wird sodann von einem Achtknoten mit Doppelschlag verdeckt. Der gelbe Tampen wird gekappt und der übriggebliebene rote weitergeflochten zu einer Kettenplatting (951 A, B, C, D usw.).
Jeweils zweieinhalb Meter geflochtene dünne Leine ergeben bei 41 Trossensteken etwa 60 cm Platting.

1

Kettenplatting (Kettenstek) (951)

Der Trossenstekplatting des Gürtels folgt also eine Kettenplatting aus einem Meter rote Leine. Nach dem Bändsel, dem Kappen der gelben Leine und dem Achtknoten mit Doppelschlag (gemäß 211A, doch macht der gelbgestreifte Tampen erst einen ganzen Rundtörn um die feste Part, bevor er durchgesteckt wird wie auf 211 B, C, D) folgen 17 Kettensteke, die eine Länge von etwa 20 cm ergeben. Beendet wird die Platting wie in (951 F, G), wobei (F) die Rückseite von (G) darstellt. Die Länge des übriggebliebenen roten Tampens reicht noch für eine zweipartige Affenfaust (431), die gerade eben durch das Auge am anderen Ende paßt und somit den Gürtel schließt. Soll der Gürtel enger sitzen, steckt man mit der Kettenplatting einen Schotstek, mit der Affenfaust nach unten hängend.
Material: zweieinhalb Meter gelbe und vier Meter rote hohlgeflochtene, 4 mm starke Polypropylenleine und Segelgarn zum Takeln und Bändseln.
Der Kettenstek ist übrigens der Be-

ginn einer jeden Häkel- oder Strickarbeit. Seemännisch wird er auch noch benutzt, um ein Ende zu verkürzen, wobei allerdings die Augen länger genommen und nicht dichtgeholt werden.

Kronenplatting (961, 971)

Wer einmal etwas Veränderung in Kordel und Taue, wie sie im Haushalt als Handlauf am Treppengeländer, Gardinenschnur oder Zugschnur für den Lichtschalter vorkommen, bringen will, kann das beispielsweise mit einer Kronenplatting, der einfachsten Rundplatting erreichen. Trage- und Sicherungsleinen für Werkzeug, Marlspieker, Segelmesser, Handpeilkompaß werden aus Segelgarn geflochten.
Bei genauem Hinsehen wird deutlich, daß die Platting auf dem Foto 961 tatsächlich eine echte Flechtung ist, diejenige auf 971 dagegen nicht.

Arbeitsschema 961 II:
Phase A: Gelb nach rechts, *oberhalb,* Schwarz nach links
Phase B: Grün nach oben, *links,* Rot nach unten
Phase C: Gelb nach links, *oberhalb,* Schwarz nach rechs
Phase D: Grün nach unten, *links,* Rot nach oben
5. Phase: Gelb nach rechts, *oberhalb,* Schwarz nach links (wie A)
6. Phase: wie Phase B usw.

Die Platting kann an dem einen Ende ein Auge erhalten und am anderen einen Zierknoten, möglicherweise mit einer Troddel.
Das Beispiel 971, die unechte Flechtung, zeigt tatsächlich keine Kronenplatting, sondern eine zweikardeelige geschlagene Trosse, wobei jede Kardeel aus zwei Leinen besteht. Die rote und die gelbe sind rechts umeinandergeschlagen, ebenso die schwarze und die grüne. Diese beiden rechtsgeschlagenen Kardeele ergeben auf diese Weise eine linksgeschlagene Trosse. Der Unterschied zur Kronenplatting wird im Vergleich der Abbildungen, zum anderen in der Arbeitsbeschreibung deutlich.

Arbeitsschema 971 II:

- Phase A: Gelb nach rechts, *oberhalb,* Schwarz nach links
- Phase B: Grün nach oben, *links,* Rot nach unten
- Phase C: Gelb nach links, *unterhalb (!),* Schwarz nach rechts
- Phase D: Grün nach unten, *rechts (!),* Rot nach oben
- 5. Phase: Gelb nach rechts, oberhalb, Schwarz nach links, wie A
- 6. Phase: weiter wie B, C, D usw.

1

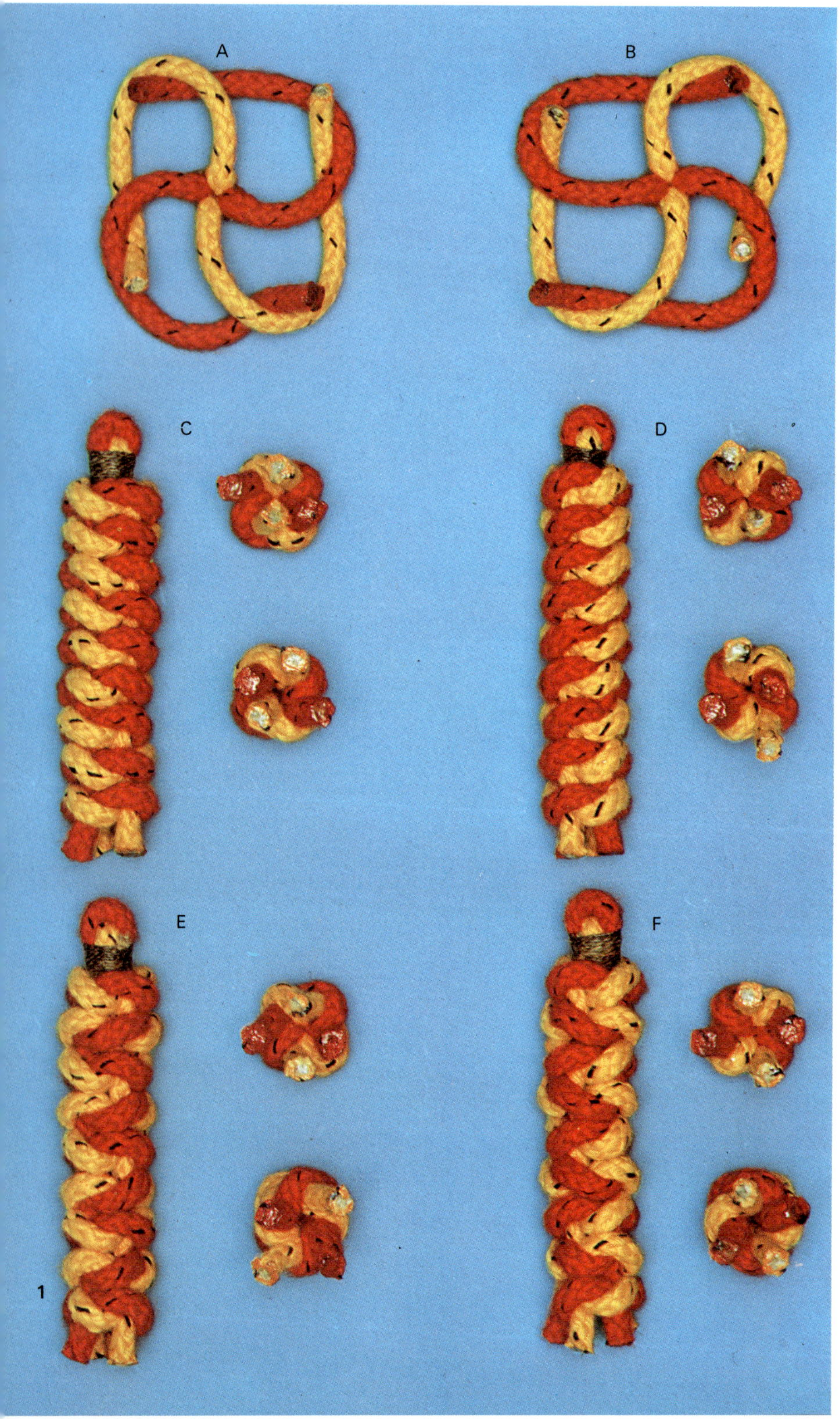

Stopperknotenplatting (981)

Diese Platting erweist sich überall dort als praktisch, wo kleine Zugringe oder -knöpfe sicher mit den Fingern festgehalten werden müssen, wie beim Reißverschluß am Ölzeug, oder am Patentschäkel, Spinnakerbaumbeschlag und ähnlichem. Auch als Schlüsselanhänger macht sie sich zünftig.

Die Platting läßt sich nicht nur nach Belieben linksherum oder rechtsherum flechten, sondern man kann auch die Flechtrichtung wechseln. Als Abschluß eignet sich ein Takling ebenso wie ein Zierknoten, auch lassen sich die Tampen einfach zurückstecken und auf diese Weise unsichtbar machen.

Folgendes Arbeitsschema ist möglich (981):

	1.	2.	3.	4.	5.	Runde
C:	l	l	l	l	l	usw.
D:	r	r	r	r	r	usw.
E:	l	r	l	r	l	usw.
F:	r	l	r	l	r	usw.

l = linksherum (981 A)
r = rechtsherum (981 B)

1

Stopperknoten-Kronenknoten-Platting (991, 992)

Eine Spielart der Rundplatting ist die Kombination aus Stopperknotenplatting (981) und Kronenknotenplatting (1001). Wenn auch das Flechtmuster deutlich abweicht von dem der Stopperknotenplatting, die Anwendungsmöglichkeiten sind die gleichen.

Arbeitsschema 991:

	1.	2.	3.	4.	5.	Runde
1.	skl	kkl	skl	kkl	skl	usw.
2.	skl	kkr	skl	kkr	skl	usw.

skl = Stopperknoten linksherum (981A)
kkl = Kronenknoten linksherum (1001A)
kkr = Kronenknoten rechtsherum (1001B)

Dieses Schema zeigt eine der zahlreichen Möglichkeiten. Selbstverständlich sind beim Ausprobieren neuer Varianten der Phantasie und Kreativität keine Grenzen gesetzt.

2

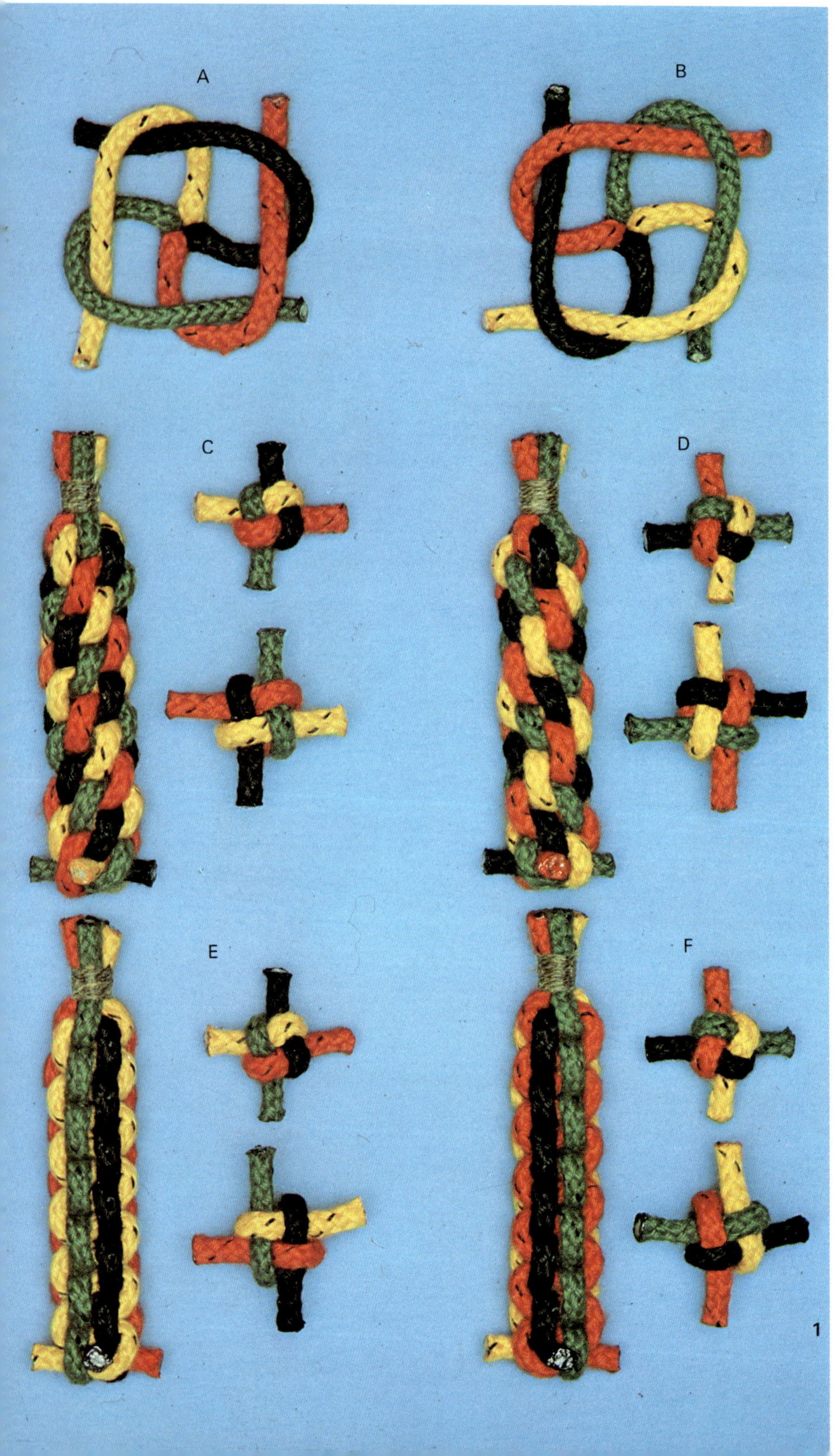

Kronenknotenplatting (1001)

Diese Rundplatting hat dieselben Anwendungen wie die Stopperknotenplatting: Anhänger, Zuggriffe usw. In größeren Abmessungen wird sie auch als Fender verwendet.
Ob linksherum (1001A) oder rechtsherum (1001B) geflochten, spielt keine Rolle, auch können beide Arten abgewechselt werden.

Arbeitsschema 1001:

	1.	2.	3.	4.	5.	Runde
C:	l	l	l	l	l	usw.
D:	r	r	r	r	r	usw.
E:	l	r	l	r	l	usw.
F:	r	l	r	l	r	usw.

l = linksherum (1001 A)
r = rechtsherum (1001 B)

Die überstehenden Tampen können mit einem einfachen Stopperknoten und hernach mit einem Zierknoten abgeschlossen werden. Oder man setzt einen Takling und kämmt den Tampen zu einer Troddel aus. Schließlich lassen sich die Kardeeltampen nach dem letzten Stopper auch zurückstecken und kappen.

Spielereien mit Kronen- und Stopperknoten (1011, 1021)

1011A: Das Ende doppelt nehmen.

1. Runde:	Stopperknoten linksherum
12 Runden:	Kronenknoten rechtsherum
14. Runde:	Stopperknoten linksherum
15. Runde:	Kronenknoten rechtsherum
16. Runde:	Stopperknoten verdoppeln
17. Runde:	Kronenknoten verdoppeln

Die restlichen Tampen werden über dem Kronenknoten gekappt.

1

1011B: Das Ende doppelt nehmen.
1. Runde: Stopperknoten linksherum
2. Runde: Stopperknoten rechtsherum
3. Runde: Kronenknoten linksherum

Nach der ersten Runde insgesamt sechs Serien von jeweils zwei Runden (sechsmal 2. und 3. Runde hintereinander).
14. Runde: Stopperknoten linksherum
15. Runde: Kronenknoten rechtsherum
16. Runde: Stopperknoten verdoppeln
17. Runde: Kronenknoten verdoppeln

1021C: Das Ende doppelt nehmen.
11. Runde: Stopperknoten linksherum
12. Runde: Kronenknoten rechtsherum
13. Runde: 11. Runde verdoppeln
14. Runde: Kronenknoten verdoppeln

1021D: Das Ende doppelt nehmen.
1. Runde: Stopperknoten linksherum
2. Runde: Stopperknoten rechtsherum

Hiernach insgesamt fünf Serien von jeweils zwei Runden (fünfmal 1. und 2. Runde hintereinander).
13. Runde: Stopperknoten linksherum
14. Runde: Kronenknoten rechtsherum
15. Runde: 11. Runde verdoppeln.

Es kann durchaus vorkommen, daß die Tampen für die letzte Verdoppelung nicht reichen; sie werden dann kurzerhand gekappt. Ohnehin wird man beim Zierknotenstecken mit Tauwerksresten dauernd improvisieren müssen.

1

Arbeiten mit Tauwerksresten (1031)

A. Zwei doppeltgelegte Enden Manilatauwerk werden gebändselt und ausgedreht. Auf diese Weise erhält man 12 Kardeele, von denen die mittleren vier zu einem Kern geschlagen werden. Aus den übrigen acht Kardeelen wird eine Stopperknotenplatting (981) linksherum geflochten. Hat die Platting die gewünschte Länge erreicht, wird aus vier eins über dem anderen liegenden Kardeelen ein letzter Stopperknoten gesteckt. Darunter werden alle Kardeele sehr steif betakelt (161) und hernach die acht Kardeele der Platting gekappt. Mit den vier Kernkardeelen flechtet man nun eine Kronenknotenplatting (1001 A, B, C), wobei der letzte Kronenknoten linksherum gesteckt und mit Phase (831C) des Sternknotens beendet wird. Auf die aus der Mitte laufenden Tampen wird ein Takling gesetzt, der Rest zu einer Troddel ausgefranst.

B. Der kleine Fender für das Beiboot stammt aus einem Abfallende geteerten Manilatauwerks. Das Ende wurde doppelt gelegt und ausgedreht. Ohne Bändsel wurde direkt hinter der Bucht aus den sechs Kardeelen eine Kronenknotenplatting geflochten (1001 A, B, C). Den Abschluß bildet ein rechtsherum gelegter Stopperknoten (981B) und ein fester, genähter Takling (161).

C. Diese Rundplatting wurde aus steifgeholten links- und rechtsherum gesteckten Kronenknoten (1001 A, B, C) geflochten und mit zwei Taklingen abgeschlossen.

D. Die Stopperknotenplatting (981 A, C) kann in der Längsrichtung mit der Zeit durchsacken, weswegen sie als senkrecht aufgehängter Fender weniger geeignet ist. Indes als in C beschriebene Unterlage bewährt sie sich bestens.

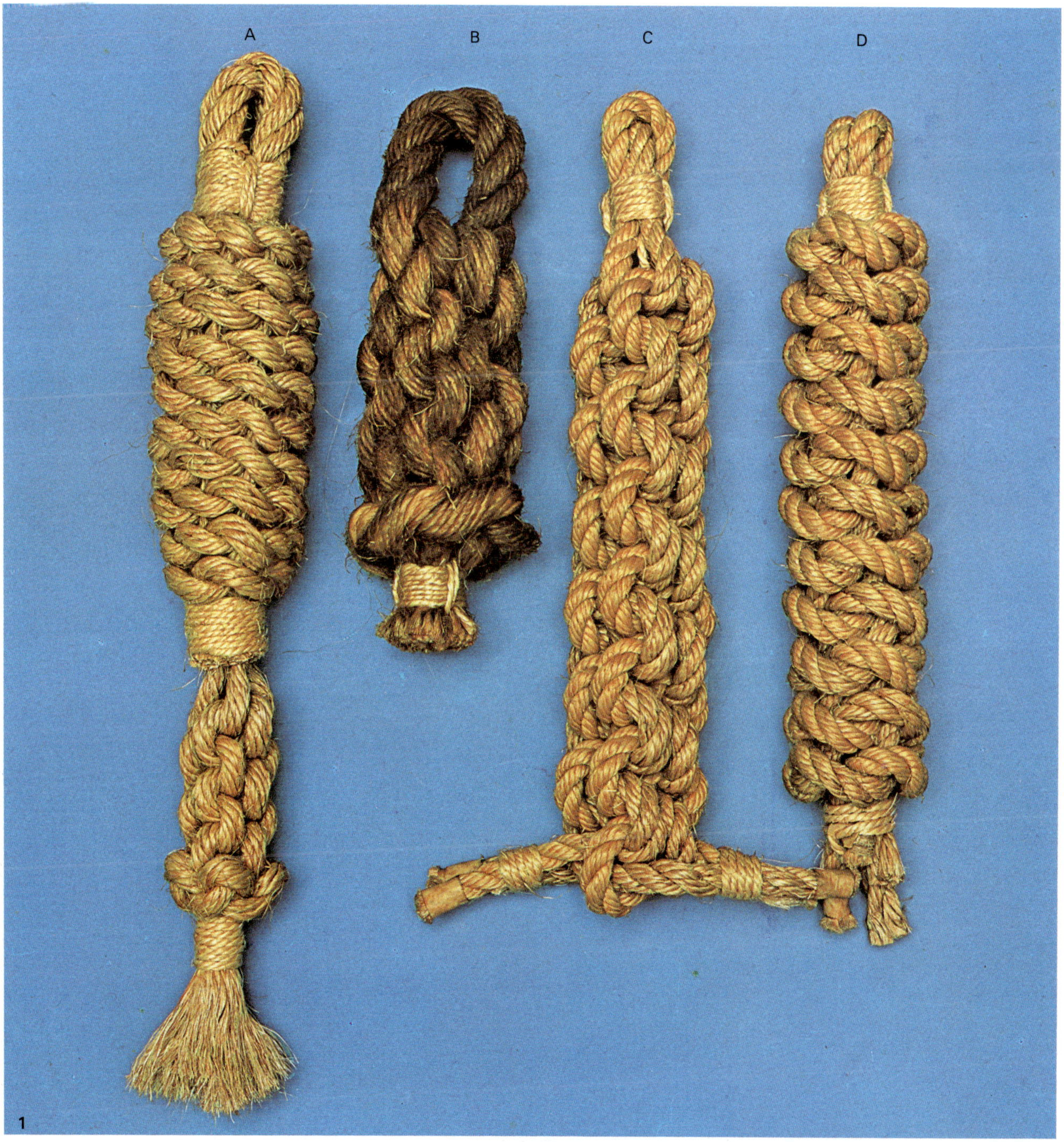
A
B
C
D
1

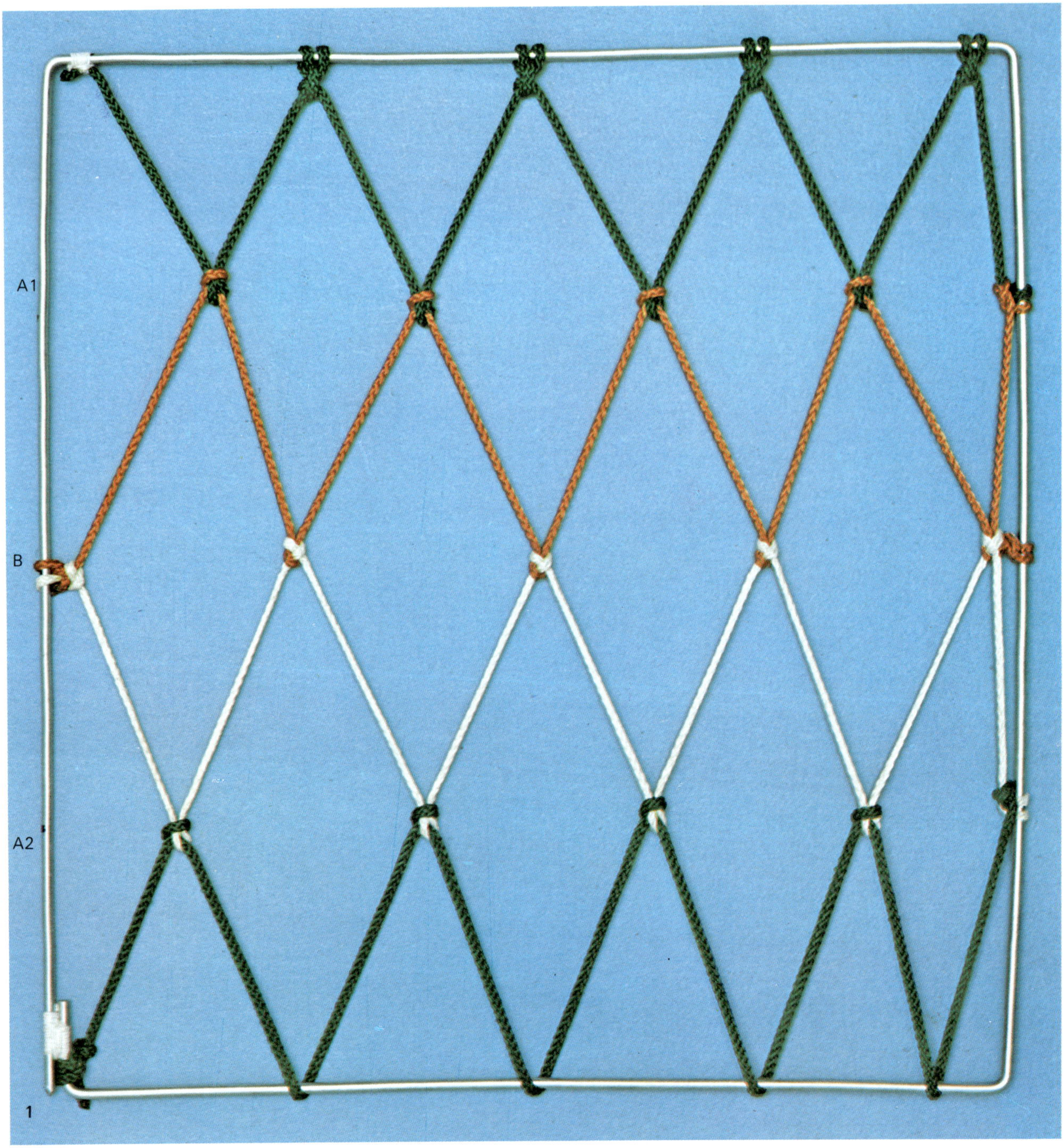

1

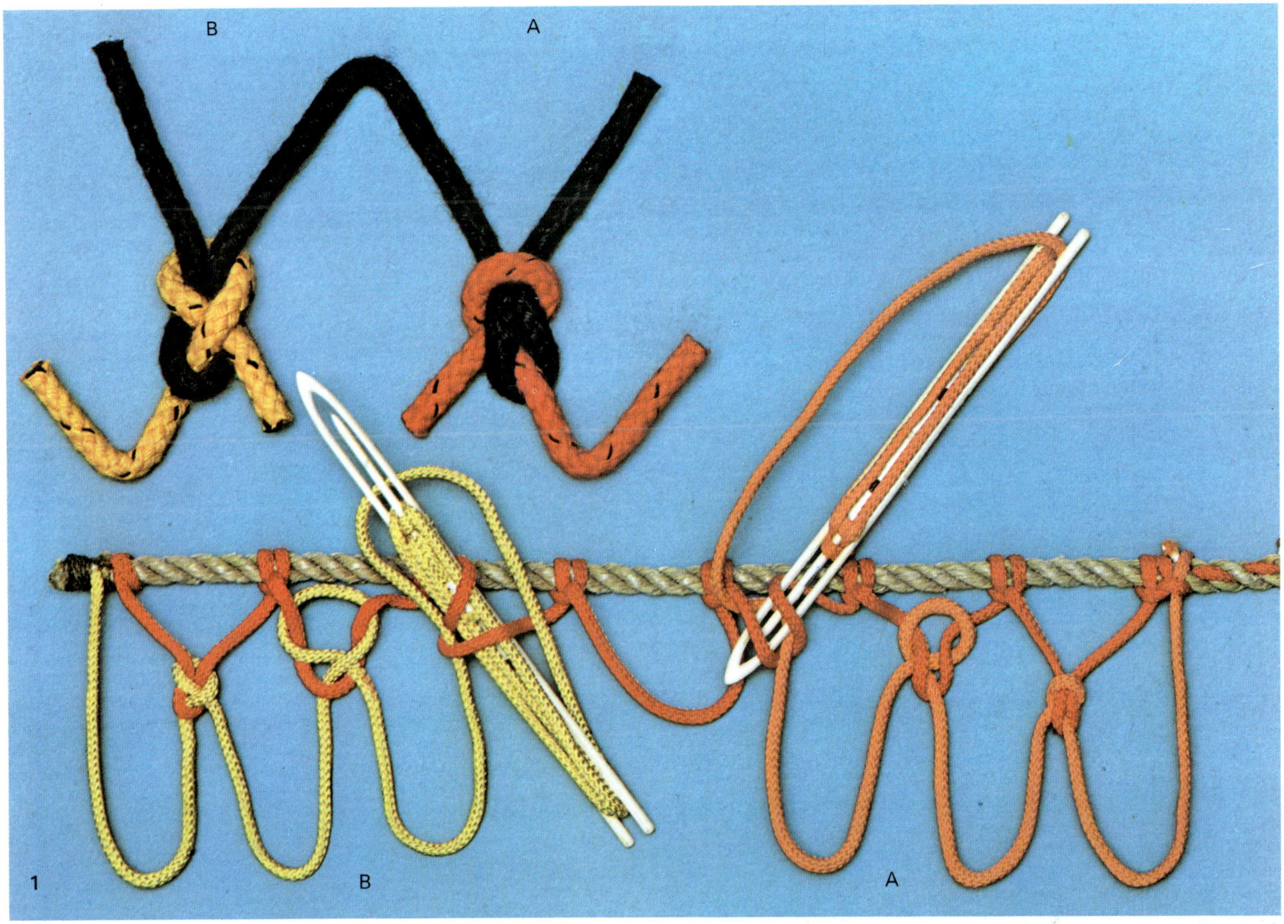

Netze knüpfen und flicken (1041, 1051)

An Bord vieler Yachten werden Netze im Vorschiffsbereich an der Reling oder als „Gepäcknetz" über den Kojen befestigt. Ein rundgeknüpftes Netz liefert einen „luftigen" Segelsack. Auf dieselbe Art werden Einkaufsnetze hergestellt.
Ein Relingnetz wird mit Marlsteks (halbe Schläge) mit seinen obersten Maschen an den oberen Durchzug gemarlt. Die untere Netzkante wird an die gelochte Fußleiste gereiht. Beim Netzknüpfen findet ein bereits beschriebener Knoten Anwendung, der Schotstek (321), und zwar auf zweierlei Weise: Arbeitet man von links nach rechts, knüpft man „vor der Hand" (1041B, 1051B), von rechts nach links knüpft man „über der Hand" (1041A1 und A2, 1051A).

1

Doppelter Türkischer Bund (1061)

Zu Anfang, bei der ersten Runde, werden die mit - o - markierten Punkte mit dem Daumen festgehalten. Weiterhin ist es eine Frage des genauen Hinsehens und Probierens, welche Stellen wann und wie fixiert werden müssen. Im übrigen braucht man nicht über die eigene Hand zu flechten, genauso gut eignen sich Reling, Tischbein oder jeder beliebige Gegenstand, siehe Foto 1081C. Ist die erste Runde vollständig gelegt, wird verdoppelt (1081BII), verdreifacht (1081BIII) oder gar vervierfacht (1081BIV).

Türkischer Bund (1071)

Beim Flechten des Türkischen Bundes hält man mit dem Daumen die mit -o- gekennzeichneten Kreuzungspunkte vorübergehend fest. Wenn der erste Ansatz (die erste Runde) fertig ist, beginnt man zu verdoppeln (1081AII) und anschließend zu verdreifachen (1081AIII). Die gebräuchlichste Form ist der dreifachgeschlagene Türkische Bund.

A
B
C
D
E
F
G
H
I
1

III
II
I
I
II
III
IV
1
A
B
C

Anwendungsmöglichkeiten für den Türkischen Bund

Kein Zierknoten und keine Platting ist dermaßen vielseitig nutzbar wie der Türkische Bund:

- Ziermanschetten um Gläser und Flaschen (1091).
- Stopper auf dem Schotleitwagen (1092). Das Foto zeigt einen halben Türkischen Bund. Hierzu wird nur bis zur Phase 1071D,E gearbeitet, die Parten steifgeholt und verdreifacht.
- Handgriff auf der Pinne.
- Markierung der Königsspeiche des Steuerrades, sie liegt senkrecht, wenn das Ruderblatt mittschiffs steht.
- Stagreiterstopper oberhalb des unteren Vorstag-Terminals, um Verklemmen des untersten Stagreiters zu verhindern.
- Handgriff an der Nock von Bootshaken und Staker.
- Halstuch- oder Serviettenring (1232).
- Verzierung um Relingstützen, Rundhölzer, Treppenpfosten.
- Griff um ein Messerheft (91F) oder einen Hammerstiel.
- Verstärkung der Wieling einer Jolle im Bereich des Bugs.
- Schieberring, um die Größe eines Auges zu regulieren (Lifebelt, 912).
- In flacher Form als Untersetzer.
- Sichern oder Verstecken des Endes oder Anfangs einer Kleedung.
- „Mütze" auf dem dicken Ende eines Marlspiekers oder Fitts.
- Stoppermanschette um einen Riemen gegen die Dolle.
- Auf Windjammern als Fußstopper an den Laufstagen (Fußpferden) unter den Rahen.
- Handgriff auf Reling, Handlauf, Bug- oder Heckkorb.
- Flaschenhals- oder Korkenverzierung.

Strickleiter (1101)

Wie macht man eine zünftige Strickleiter? Ein 12 bis 14 mm starkes Ende wird doppelt gelegt und die Bucht zu einem Auge fest und sicher gebändselt (191). Alsdann stellt man nach dem Vorbild (1101) die notwendige Anzahl Sprossen her, die auch für einen Bootsstiefel breit genug sein müssen, also etwa 12 bis 15 Zentimeter. Dafür sind, je nach Stärke des verwendeten Tauwerks, mindestens 10 bis 15 Rundtörns nötig. Die Sprossen, die etwa 30 Zentimeter voneinander entfernt sein sollten, können versteift werden, indem man jeweils ein Stück Besenstiel einarbeitet. Nur die unterste Stufe wird, damit sie nicht aufschwimmt, mit einem Bleirohr oder einem anderen nichtrostenden Metall beschwert. Es ist ganz praktisch, wenn die Länge der Strickleiter so gewählt wird, daß sich zwei Sprossen unter Wasser befinden und die dritte gerade an der Oberfläche schwimmt. Aus dünner, schmuckvoller Leine läßt sich eine Miniaturausführung der Strickleiter als Armband oder Uhrarmband herstellen. Ebenso gibt diese Flechtung einen recht „schiffigen" Gürtel ab, mit einem Auge und einem Zierknoten als Schließe. Für letzteren bändselt man die beiden Tampen und fügt gleichzeitig ein drittes Ende vom selben Tauwerk ein. Mit diesen drei Tampen wird der Zierknoten gesteckt.

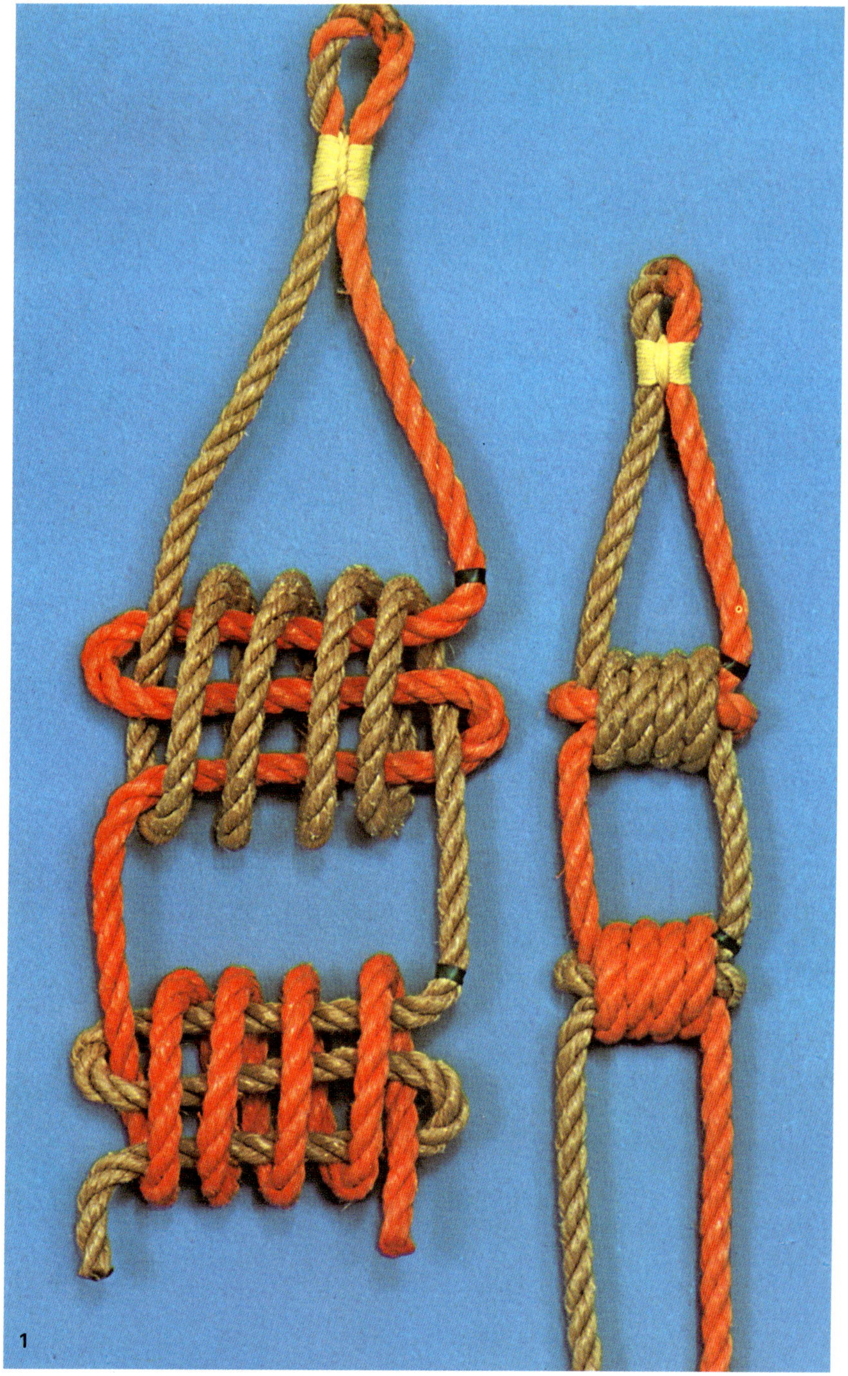
1

Umhäkeln eines Fenders (1111)

Seemännisch heißt es: Kleeden mit einem offenen Halbschlagskatning. Soll ein alter, nicht mehr so sehr ansehnlicher, weil verrotteter Fender oder ein moderner Kunststoffender mit Tauwerk umgeben werden, eignen sich dafür verschiedene Katnings. Der einfachste soll hier beschrieben werden.

Man beginnt mit einem Rundtörn und legt auf diesen einige halbe Schläge hintereinander, bis man wieder beim ersten angelangt ist. Sodann setzt man diese Arbeit spiralförmig fort, wobei man anfangs „zunehmend" und später wieder „abnehmen" müssen wird. Beim Zunehmen legt man je nach Bedarf während einer Runde ein- oder mehrmals gleich zwei halbe Schläge in eine Bucht aus der vorigen, darüberliegenden Runde. Die Zahl der halben Schläge je Runde wird also erhöht. Beim Abnehmen überspringt man entsprechend ein- oder mehrmals eine Bucht in der vorigen, darüberliegenden Runde, die Zahl der halben Schläge je Runde wird also verringert. Meist wird man nicht mit einem einzigen langen Ende arbeiten. Selbst bei großer Übung wird es lästige, zeitraubende Kinken geben. Außerdem ergibt sich hier die Möglichkeit, alte verschlissene Enden sinnvoll zu verwenden.

Zum Anstückeln wird der alte Tampen unter den letzten halben Schlägen beklemmt, während der neue Tampen unter seinem ersten halben Schlag beklemmt wird. Auf ähnliche Weise wird zum Abschluß der Schlußtampen weggesteckt und beklemmt.

1

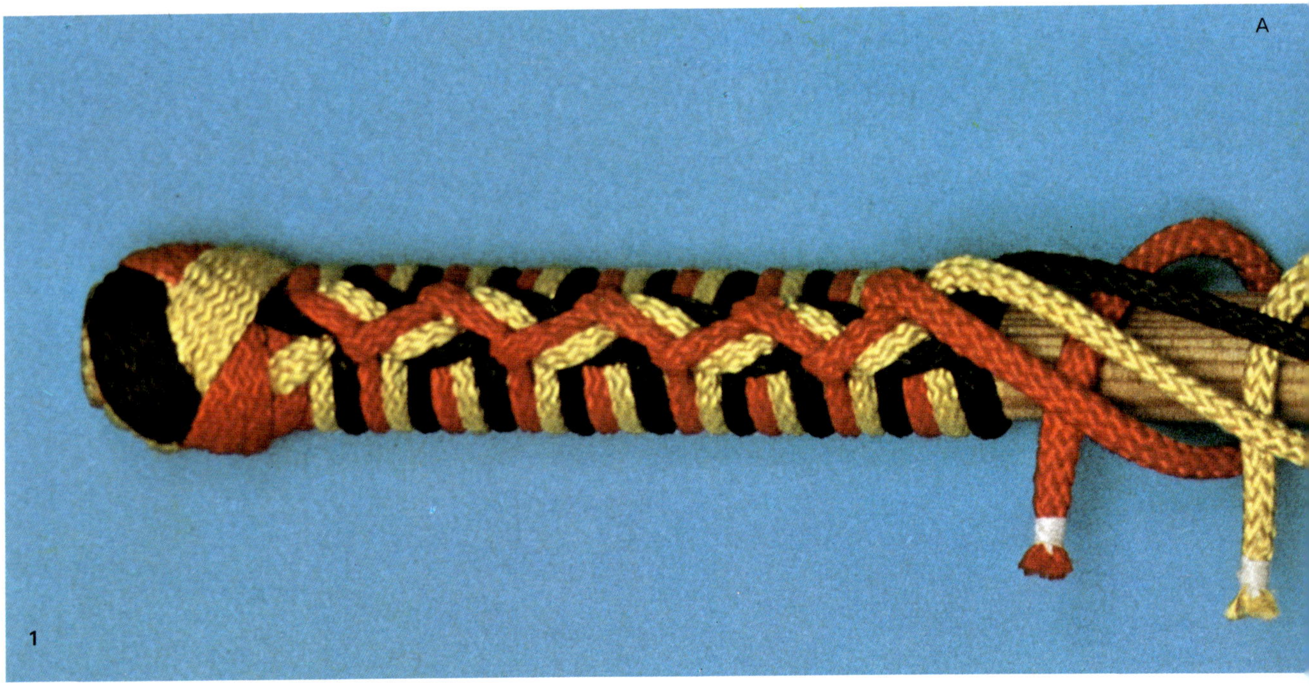

1

2

Kleeden (1121, 1122, 1131 und 1132)

Kleeden nennt man das Umwickeln von Tauwerk, Stahlkabel und anderen Gegenständen, um sie entweder gegen Witterungseinflüsse oder Schamfilen zu schützen, oder auch um sie zu verzieren oder eine bessere Griffigkeit auf ihnen zu erzielen.
Ein kalt anzufassendes Steuerrad aus Stahl oder Aluminium kann man auf mehrere Arten kleeden: entweder schlicht umwickeln, wie auf Foto 1122, oder etwas aufwendiger, dafür auch schmuckvoller, wie auf den Fotos 1121, 1131 und 1132 gezeigt. Anfang und Ende werden gesichert durch einen Takling oder einige Rundtörns, die mit einem Kreuzknoten (301) verdeckt werden. Der Takling kann hernach mit einem Türkischen Bund (1061, 1071) verdeckt werden.

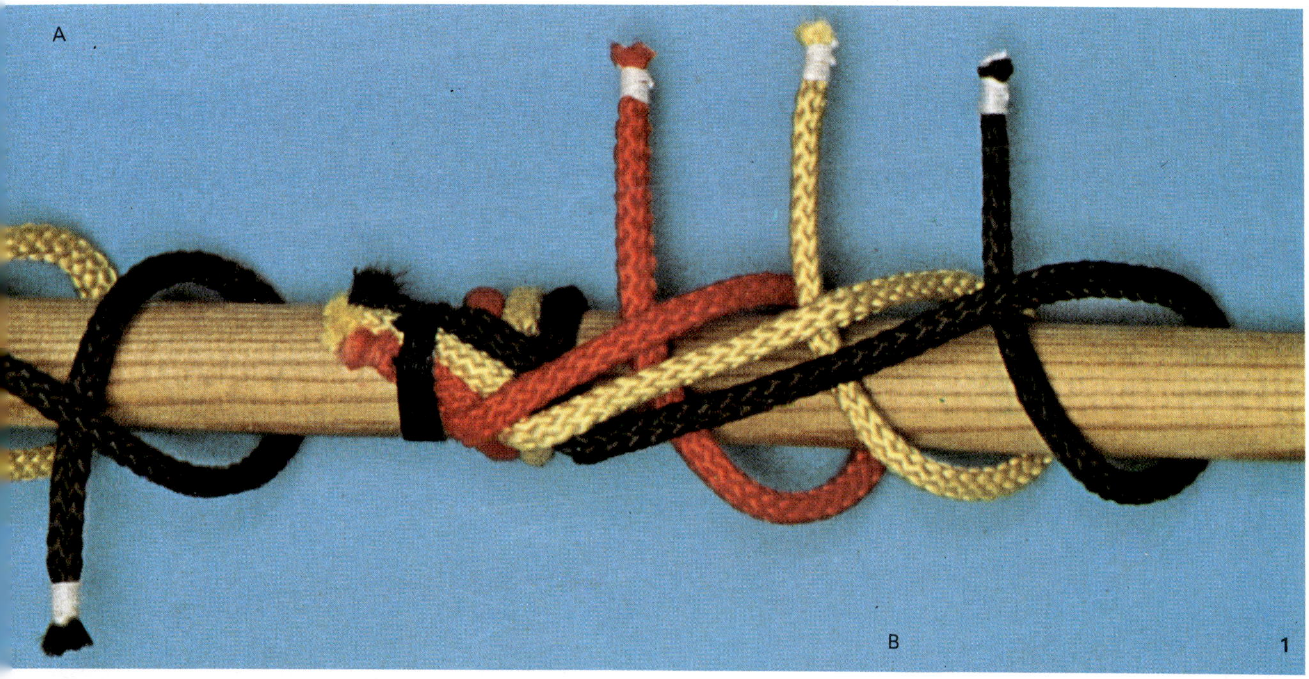

1

Die Methoden 1121-1131 und 1132 ähneln sich, nur ihr Muster ist unterschiedlich. Am einfachsten ist die Kleedung 1132, hierbei werden halbe Schläge um das Rundholz gelegt und man erhält ein Spiralrelief. Dies kann links- oder rechtsherum laufen. Auch kann man mehrere Parten gleichzeitig nehmen.

Bei der Methode 1121-1131 wird zwar auch mit halben Schlägen gearbeitet, jedoch abwechselnd linksherum und rechtsherum. In Foto (1121A-1131B) wurden dazu drei verschiedenfarbige Parten verwendet, die letzten, noch offenen halben Schläge sind linksherum, in (1131B) rechtsherum gelegt. Im Prinzip können beliebig viele Parten zugleich genommen werden, auch eine einzige. Um ein gleichmäßiges Resultat zu erzielen, arbeitet man am besten mit dem Anfang, wo mit einem Fallreepsknoten begonnen wurde, von sich fort.

2

1

2

Glockenstrang (1141, 1142)

Dieser reichverzierte Schwengel durfte früher an Bord nur von der befugten Person, dem Wachhabenden, berührt und bedient werden. Wenn nämlich das Stundenglas, eine halbstündige Sanduhr durchgelaufen war, wurde dies mit jeweils einem weiteren Glockenschlag verkündet. Acht Schläge (Glasen), in Zweiergruppen, um sicherer mitzählen zu können, ergaben vier Stunden – eine Wache war um, die neue begann.
Der Glockenstrang war im Laufe der Jahrhunderte das Aushängeschild des kunstvollen und geschickten Schiemanns an Bord geworden. Vor allem bei der Marine wurde es Tradition, dieses kurze Ende so kunstvoll wie nur möglich zu flechten und zu knoten. Heutzutage gibt es selbst auf maritimen Oldtimern keine Sanduhr mehr und damit auch keine Glasenglocke, höchstwahrscheinlich jedoch eine glasenschlagende Quarzuhr. Wohl befindet sich noch eine Glocke an Deck, und zwar beim Ankerspill, um anzugeben, wieviel Kettenlängen von 15 Faden oder 25 Meter gesteckt worden sind.
Weitaus am häufigsten allerdings trifft man heute die Schiffsglocke mit Glockenstrang über den Theken von Hafenkneipen und Yachtclubs an. Auch hier darf nicht ein jeder ungestraft die Glocke läuten, es sei denn, er hätte das Bedürfnis, eine Lokalrunde zu schmeißen. Ausgenommen der Wirt, der mit der Glocke die Polizeistunde einläutet.

Kammhalter (1151)

Hierbei handelt es sich schlicht um einen Zierknoten in einem dicken Ende aus Manila- oder Sisaltauwerk, bei dem die Kardeeltampen nicht gekappt oder zurückgesteckt, sondern lang gehalten und ausgefranst und ausgekämmt werden. Neben den Frisierspiegel oder Waschtisch gehängt finden darin Kämme, Haarklammern, Krawattennadeln, Broschen usw. Platz.
Der hier abgebildete Zierknoten ist ein Stopperknoten aus sechs Kardeelen.

Spielereien mit Knoten auf einer Karaffe (1161)

Auf der Karaffe wurde eine Reihe der in diesem Buch behandelten Knoten und Steke angebracht, die einerseits einen gefälligen Anblick bieten, zum anderen aber durch bewußt einfach gewählte Knoten nicht übertrieben verspielt wirken sollen.

Spielereien mit Holz (1171)

Palstek und Achtknoten, zwei der am häufigsten vorkommenden Gebrauchsknoten als „nutzlose" Gebilde in Holz geschnitzt, erhalten so einen völlig anderen Wert. Die Idee ist übrigens nicht neu, haben doch durch die Jahrhunderte Knoten für ornamentale Kunst Modell gestanden (1121).
In diesem Fall wurden aus einem Stück Abfallholz mit Beitel, Gutsche, Messer, Feile und Sandpapier „Knoten" modelliert, die tatsächlich noch keine neun Zentimeter hoch sind, gefaßt in Messingfußringe.

1

1

2

Anhänger, Ohrringe, Staubpinsel (1181, 1182, 1191)

Welche Möglichkeiten man mit Reststücken von Manila- und Sisaltauwerk hat, zeigen die auf diesen beiden Seiten vorgeführten Beispiele. Je nach Größe und Zierlichkeit benutzt man sie als Ohrringe, Schlüsselanhänger, Zuggriffe an Lichtschalter und Gardinenschnur. Ans Material brauchen wahrhaftig keine großen Anforderungen gestellt zu werden, die Anhänger (1181 B, C, D) beispielsweise wurden aus Paketschnurresten hergestellt, Dinge, die normalerweise fortgeworfen werden. Und mit als Grundkenntnis zwei Zierknoten, etwas Phantasie und einer viertel Stunde Arbeit kann man jemandem eine Freude machen mit einem sehr persönlichen Geschenk.

1181 A: Sternknoten; B: Sternknoten; C: Diamantknoten, D: Diamantknoten; E: Sternknoten.
1182: wie 1181 A, Sternknoten.
1191 A: Diamantknoten; B: Sternknoten; C: Sternknoten.

1

1

Schlüsselanhänger (1201, 1211)

Grundsätzlich läßt sich jeder Gebrauchs- und Zierknoten als Schlüsselanhänger zweckentfremden, der Phantasie sind da wahrlich keine Grenzen gesetzt und die Möglichkeiten sind zahllos. In dieser Windrose aus Schlüsselanhängern wurden beinahe ausnahmslos Affenfäuste verwendet: (1201, SW, W, NW, N, E, SE). Der SW-Augspleiß wurde mit einem Fallreepsknoten (721-731) verdeckt, der Anhänger S besteht aus einem Diamantknoten aus zwei Enden (381-391), wonach die Enden aufgedreht, vier Kardeele zu einem Fallreepsknoten verarbeitet und die beiden restlichen Kardeele zur Troddel ausgekämmt wurden.

1

Spielereien mit Metalldraht (1221, 1222)

Um ornamentale Knoten zu stecken, kann man auch einmal zu Metalldraht greifen (1221C und 1222A wurden aus Messingdraht geformt). Der Anhänger (1221A) war ursprünglich ein Niro-Splint, der Glockenstrang (1222B) besteht wiederum aus Messingdraht, während die Ringe (1221B) in Gold- und Silberschmiedewerkstätten in zahlreichen Variationen hergestellt werden.

Kabelfernsehen-Knoten (1231)

Als in Amsterdam das Kabelnetz fürs Fernsehen angelegt wurde, blieben danach unzählige Kabelreste auf der Straße liegen. Diese eignen sich auf ihre Weise vortrefflich zum Experimentieren. Aus einem der Versuche ist dieser „Sendemast"-artige Knoten entstanden. Kurioserweise sind die Rollen vertauscht worden, nicht das durch das Kabel Laufende soll (fern-)gesehen werden, sondern das Kabel ist mit seinen Verschnörkelungen des Zierknotens (821–831) Selbstzweck, ist selbst Objekt geworden, nach dem sich der Blick richtet.

Halstuchschnalle (1232)

Welcher Pfadfinder hat nicht mit einem ledernen Schnürriemen einen Türkischen Bund legen gelernt, um ihn dann als Schnalle für sein Halstuch zu benutzen?

2

1

1

Briefbeschwerer und Einkaufstasche (1241, 1251)

Zum Abschluß und gleichzeitig als Überleitung zu den Tausenden Knoten, Steken, Spleißen und Zierknoten, die es auf der Welt gibt, seien diese beiden Beispiele des Sprietsegelschotknotens vorgestellt (1241).

Im Rahmen dieses Buches sollen und können nicht mehr Beispiele gegeben werden.

Schließlich ein Wort zum weiten Feld des Makramee, des Flechtens, Strikkens, Webens und Häkelns. Oft läßt es sich nicht exakt von den „Knotereien“ trennen; es ist vielmehr selbst damit verwebt, wie die Tasche (1251) zeigt, die aus zweipartiger Sisal-Paketschnur gehäkelt worden ist.

1

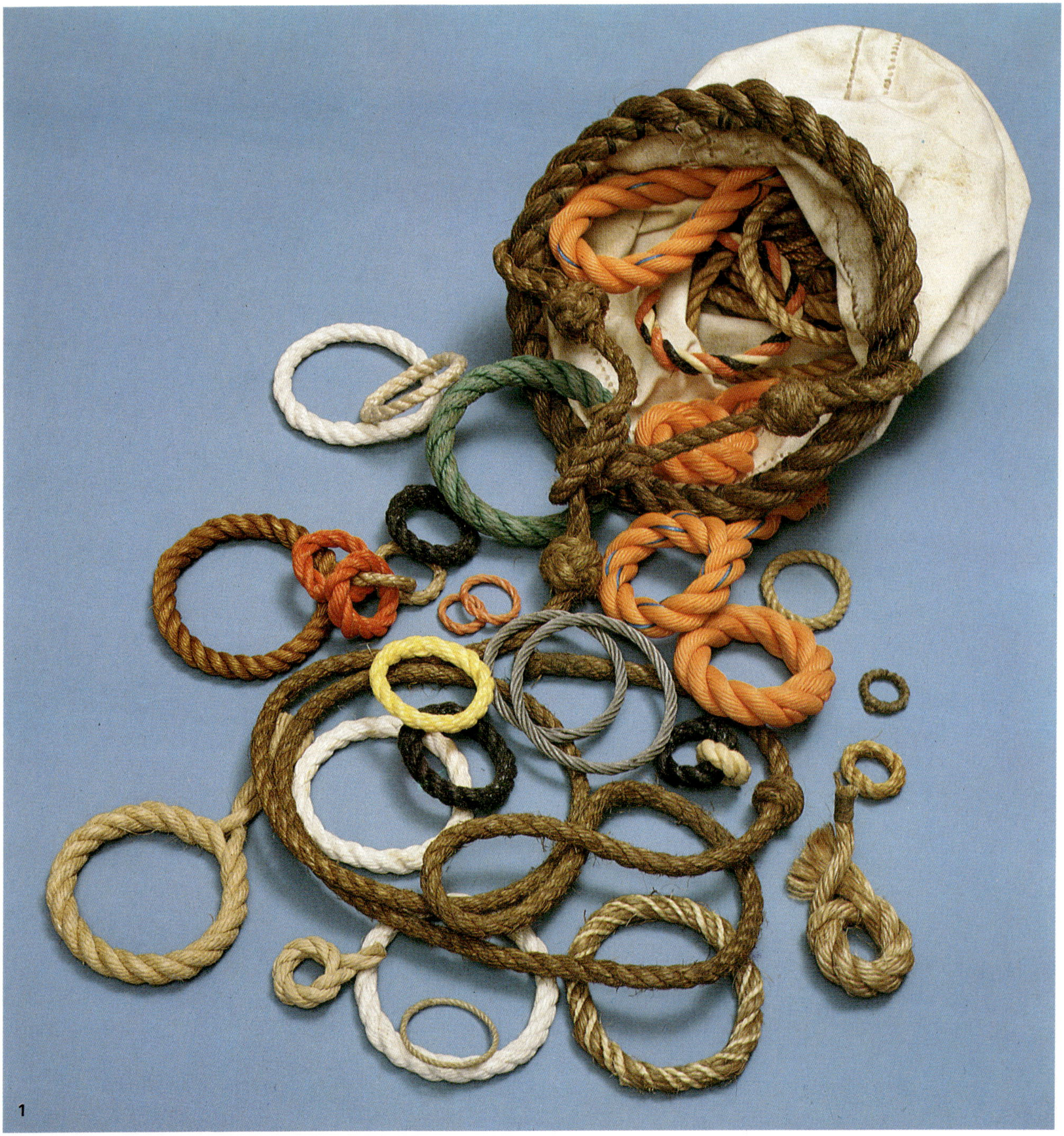

1

Grummetstropps (1261)

Auf Seite 59 wurde die Grundform des Grummetstropps aus einem Kardeel dargestellt. Bild 1272 zeigt etliche Variationen, Bild 1271 einen Dreikardeelenstropp.
Hierfür wickle man ein einziges Kardeel (Länge 3 x 3 + 3mal des endgültigen Umfanges) achtmal umeinander, bis sich die Kardeeltampen wieder treffen und wie beim einfachen Grummetstropp verspleißt werden können.

1

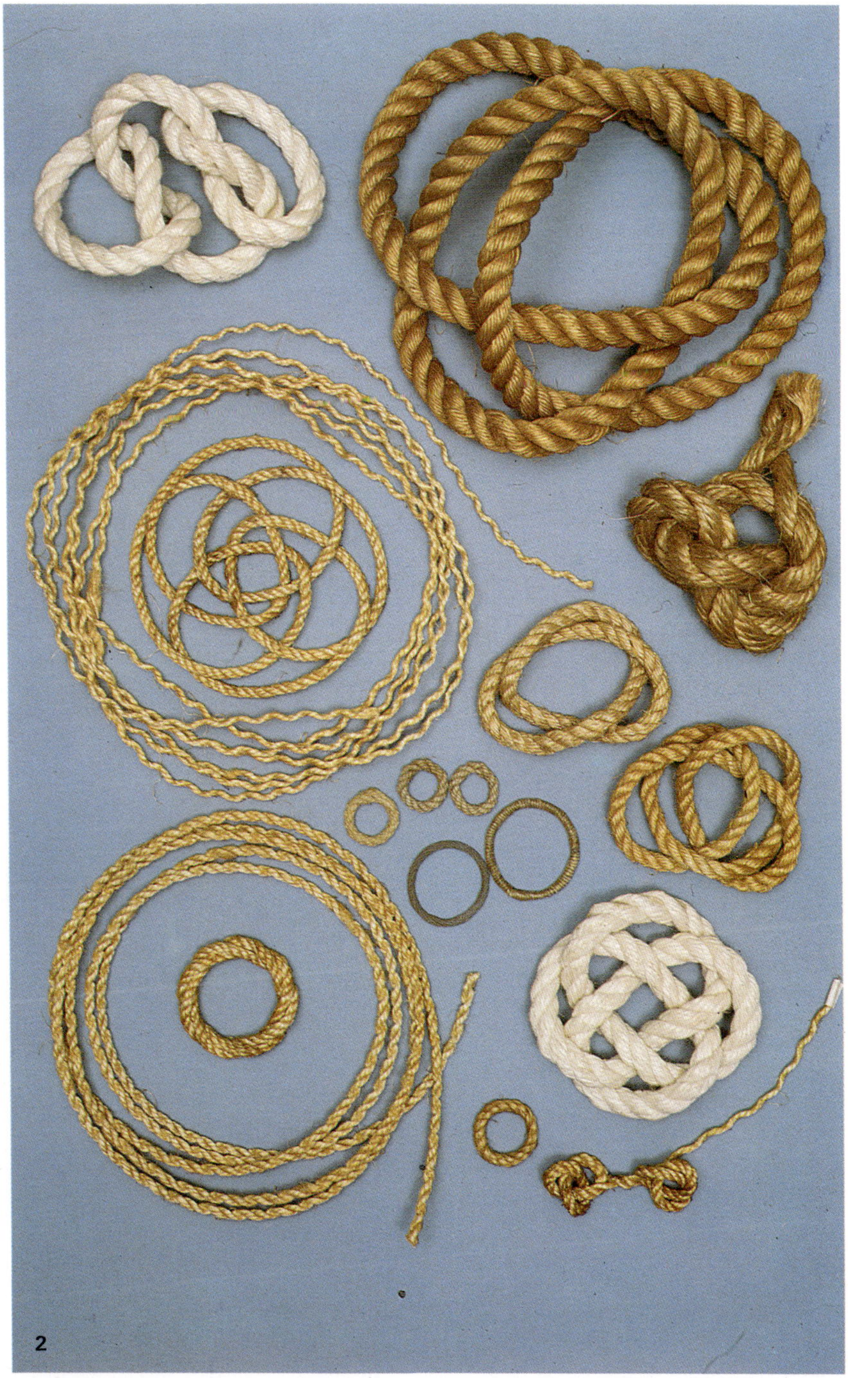
2

1

Fünffacher Türkischer Bund (1281, 1291)

Den einfachen und doppelten Türkischen Bund kennen Sie bereits aus 1071 und 1061.

Für diesen fünffachen Knoten muß der Tampen lang genug sein, nämlich mindestens achtmal den Umfang des Gegenstandes haben, den er schmücken soll.
Abb. 1321 zeigt den Türkischen Bund (vier- und dreifach) auf einer Pinne, wo er das Schamfilen an einem anderen Gegenstand oder einem Stag verhütet.
In Abb. 1332 wurde eine Seite des Knotens dichtgeholt, wodurch ein Knobelbecher entstanden ist.
Breite Bunde werden gern auf Glok-

kenstränge gesetzt oder auf Spleiße an den Stellen, wo ihre Enden fixiert und verdeckt werden wollen. Der Türkische Bund als liegender Knoten eignet sich als Untersetzer für Gläser (1291 L).

1

13facher Türkischer Bund (1301, 1302 u. 1322/1331)

Dieser sehr lange Bund sieht auf den ersten Blick kompliziert aus. Durchschaut man aber das Prinzip und hat man es – nach vielleicht mühseliger Arbeit – im Griff, erweist er sich als halb so schwierig. Auch hier macht Übung den Meister!

Zuerst zu den Abbildungen: 1301 A zeigt die auf einen Zylinder geklebte Zeichnung 1302 F (siehe auch 1322/1331 F). 1301 B ist der mehrfarbige Knoten von 1301 A und 1302 F. Der fertige Knoten ist in Abbildung 1301 C zu sehen.

1302 veranschaulicht die einzelnen Schritte, die zu dem Resultat entsprechend 1301 A führen. Der Durchmesser des dargestellten Zylinders beträgt 32 Millimeter, der Umfang 102 Millimeter. Je nach Durchmesser des Zylinders könnte man die Zeichnung vergrößern, sie danach mit einem Gummibändchen an dem Zylinder befestigen und mit der Arbeit beginnen. Hat man einmal den Anfang, kann die Zeichnung entfernt werden. Zum Abschluß der Arbeit klemmt man die Tampen zwischen Zylinder und Knoten.

Möglich wäre auch, den Werdegang des Knotens von einer Zeichnung oder einem Foto abzulesen (siehe Bild 1322/1331), der auf Seite 132 näher erläutert wird.

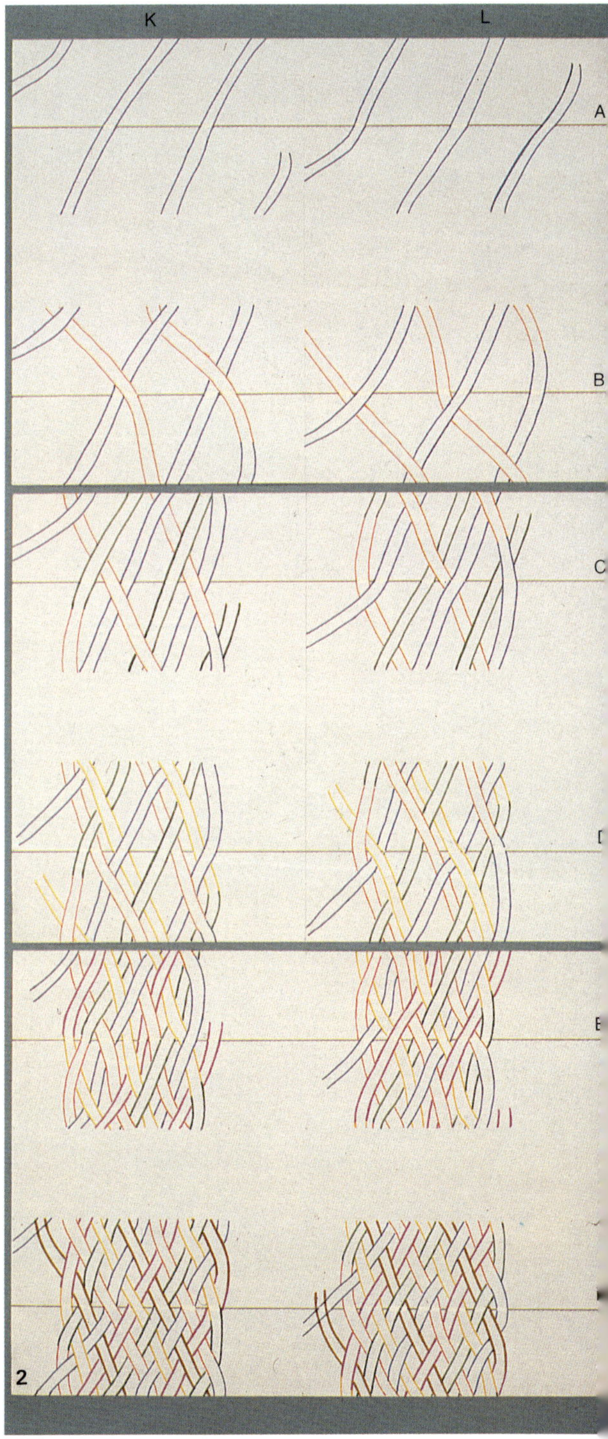

2

Neunfacher Türkischer Bund (1311)

Der Hammerstil sowie die sechs Trageenden der Werkzeugtasche sind mit einem neunfachen Türkischen Bund verziert, der leicht aus dem 13fachen Bund zu erlernen ist.
Man beginnt links wie bei 1331 AL, fixiere aber die rechte blaue Bucht schon am schwarzen Strich; dann vorn unterhalb, hinten oberhalb, vorn unterhalb nach links. Fixiere Bucht und jetzt oberhalb-unterhalb-oberhalb nach rechts. Fixiere Bucht und oberhalb-unterhalb-unterhalb-oberhalb-oberhalb-unterhalb nach links. Bucht unter linkes Gummibändchen; dann unterhalb-oberhalb-oberhalb-unterhalb-unterhalb-oberhalb nach rechts. Fixiere Bucht und dann unterhalb-oberhalb-unterhalb-oberhalb-unterhalb-oberhalb-unterhalb-oberhalb-unterhalb nach links. Hier treffen die beiden Enden wieder zusammen, und man kann mit dem Doppeln anfangen.
Die sechs Trageleinen sind mit verschiedenen Spleißen, Plattings und Stopperknoten versehen:
Sternknoten (821/831); Kronenknotenplatting (1001 D); Stopperknotenplatting (981 C) und drei Diamantknoten (791 F). Danach, rund um die beiden verbleibenden Kardeele, ein langer vierkardeeliger Ananasknoten (661/671/681/691) mit einem doppelten Diamantknoten (791 J). Die beiden Kernkadeele sind mit einem Holländischen Wantknoten zusammengesteckt (1351).

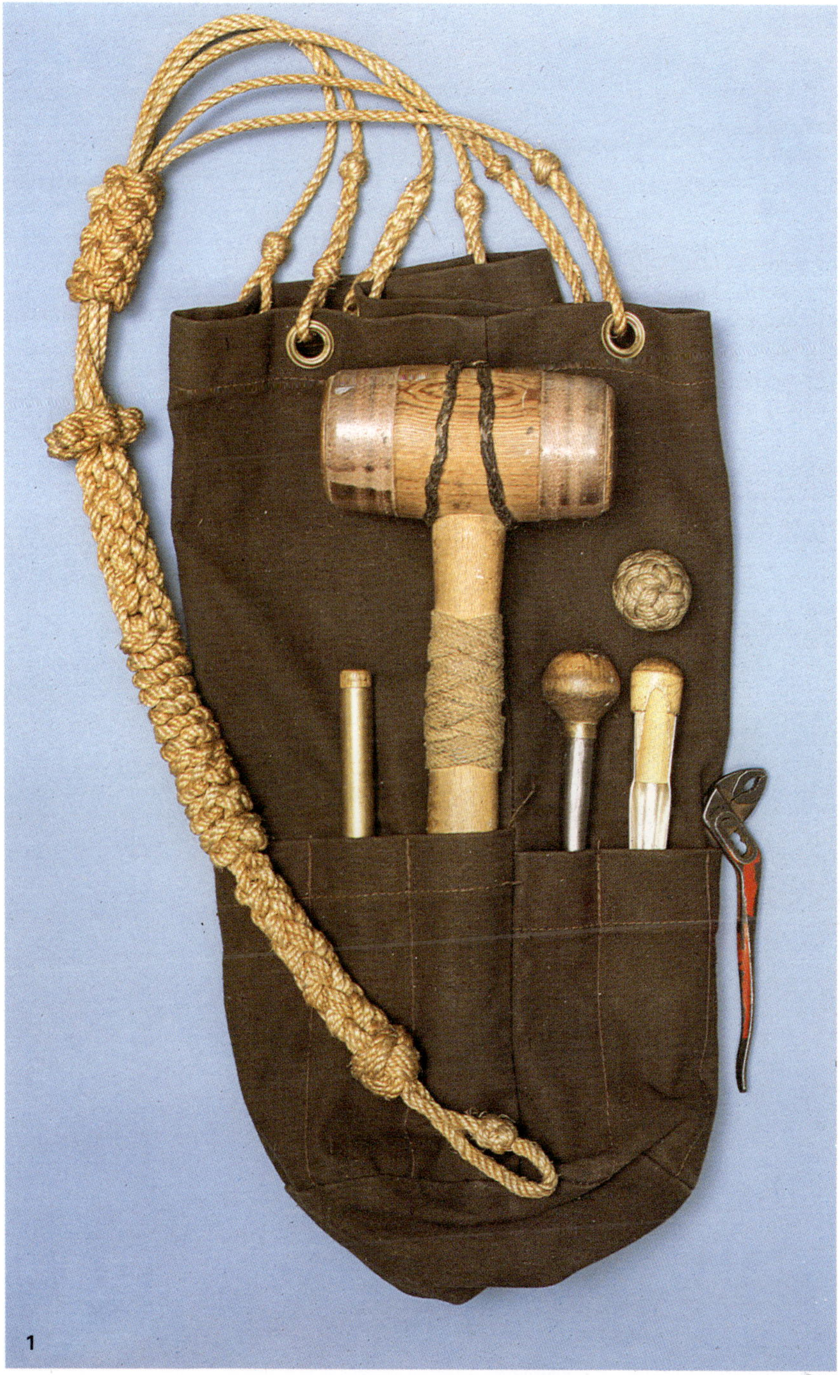

1

13facher Türkischer Bund

(siehe auch Seite 130)

1322 und 1331 zeigen die Vorderseite (K) und die Rückseite (L) des 13fachen Türkischen Bundes. Von A bis F ist der Werdegang des Knotens dargestellt.
Merke: Gummibändchen halten das Ganze gut an Ort und Stelle.
Wir fangen an mit der Farbe Blau. Die Fortsetzung des Knotens ist in B mittels der Farbe Rot dargestellt, in C mittels Grün. Grün liegt direkt neben Blau, aber was bei Blau „oberhalb" läuft, läuft bei Grün „unterhalb", und umgekehrt. E = Weiß liegt neben Grün, aber „oberhalb" ist jetzt „unterhalb" und umgekehrt.
Ist mit Schwarzweiß die linke Seite erreicht (F), trifft der Tampen auf den Anfang des blauen Kardeels. Man klebt Anfang und Ende zusammen oder doppelt den Knoten nach Wunsch. Ein schöner, langer Knoten ist das Resultat.
Wieviel Tauwerk braucht man dazu? Wir errechen das nach einer Formel: Umfang x Buchtenzahl x 1,5 x Zahl der Doppelungen + 1. Dickes Tau erfordert mehr Material als dünnes.

1

2

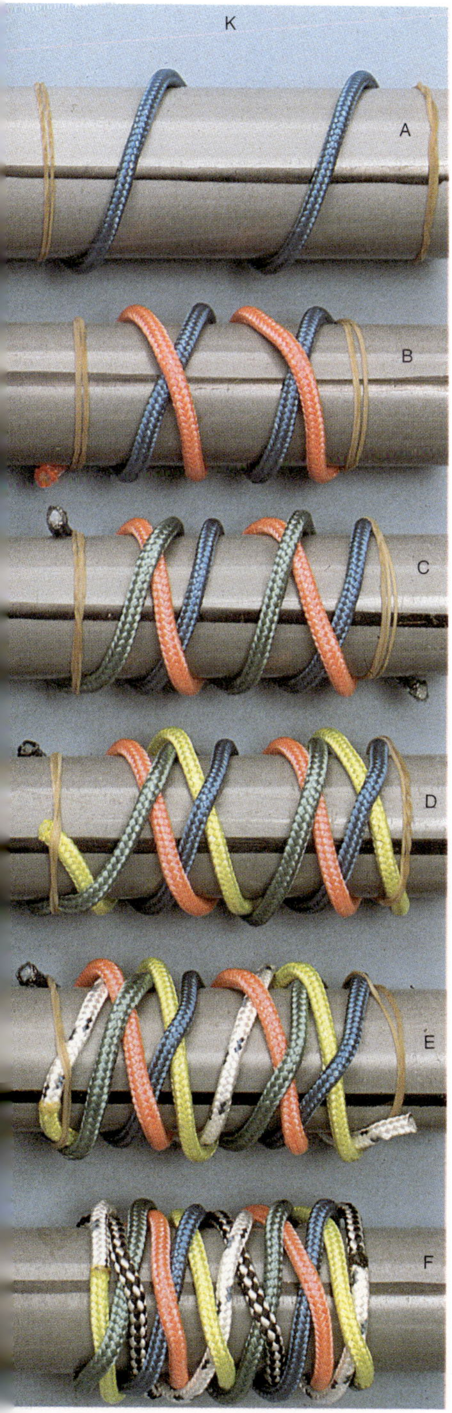
K
A
B
C
D
E
F

2

Dreifacher Türkischer Bund (1341)

Der dreifache Türkische Bund ist ein Stopper, der nicht verrutschen kann. Deshalb eignet er sich gut als Handgriff in einem Fall.
Aus den Abbildungen ist ersichtlich, daß der Knoten einfach ist und viel Ähnlichkeit hat mit dem Fallreepsknoten (721/731), mehr noch vielleicht mit dem Augspleiß mit Stopperknoten (761).
Der Knoten wird bei Klettertauen, Fallreeps und auch in den vier Enden verwendet, die ein hängendes Bücherregal tragen. Wir beginnen mit einem Hahnenfuß (A), den wir derartig zwischen die Kardeele der Leine oder des Stahldrahtes stecken, daß die drei Tampen einzeln aus den Keepen (B, C) zum Vorschein kommen. Es folgen dann ein Stopperknoten (641, 981) und (D) ein Kronenknoten (642, 651, 1001). (E) Hole beide Knoten dicht und verdoppele oder verdreifache sie (F) nach Wunsch.

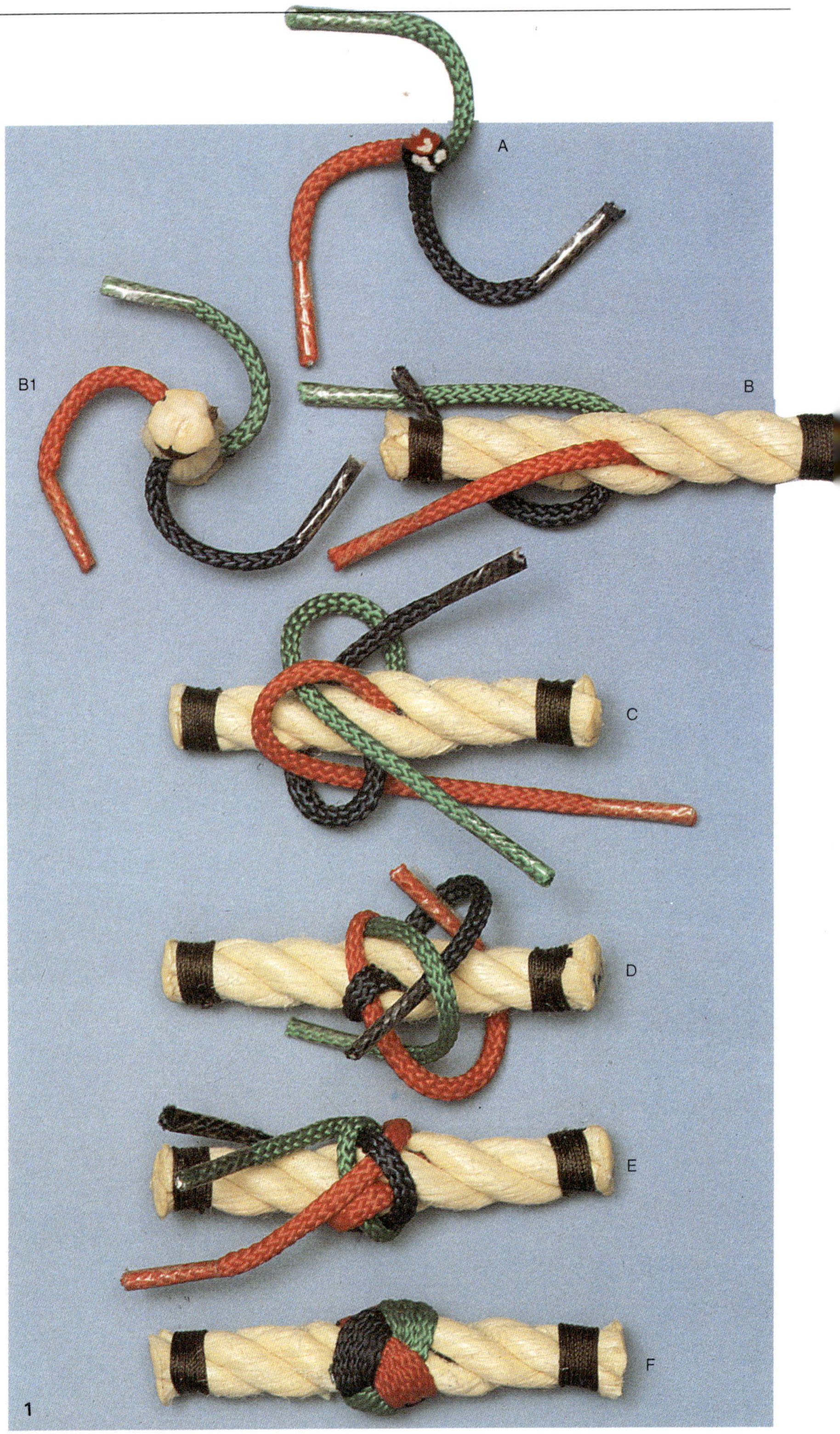

1

Holländischer Wantknoten (1351)

Dieser Knoten wurde früher in der Segelschiffahrt verwendet, als auch das stehende Gut an Bord noch aus vierkardeeligem Hanftauwerk bestand. Er ermöglichte es, die beiden Enden eines gebrochenen Wants im Nu wieder zu verbinden. Rigg, Schiff und Besatzung waren deswegen in Notfällen dieser Art kaum oder gar nicht gefährdet. Mit etwas Kreativität und Fantasie ist mit diesem Knoten viel anzufangen, sei es in Verbindung mit einer Schwimmleiter, einem hängenden Bücherregal oder an Schmucksachen wie Armband, Ring, Gürtel, Brosche, Ohrring usw. Auch an einem Glockenstrang oder am Tragegriff einer Seemannskiste läßt dieser Knoten sich gut verarbeiten.

Und so wird der Knoten gemacht: Drehe die beiden Enden fünf- bis sechsmal auf und fixiere die Kardeele mit Garn (A1). Schiebe die drei Tampen der beiden Enden wie beim Kurzspleiß (531) gegen- und ineinander und fixiere das Ganze in der Mitte mit Garn (B2). Mit den Kardeelen der Unterleine wird rund um die obere Leine ein Stopperknoten (641) gelegt (1351C). Dasselbe machen wir jetzt mit den Kardeelen des oberen Tampens in entgegengesetzter Richtung (1351D). Drehe alle Kardeele auf und verjünge sie an ihrer Innenseite; die längeren Fasern bleiben an der Außenseite stehen. Mit Takelgarn (Webeleinstek, 251 C) werden sie jeweils dicht am Knoten gesichert (1351 D, E) und die Verbindung schließlich von außen in Richtung Knoten gekleedet (1351 F).

A
B
C
D
E

Große Matte (1361, 1371, 1372)

Für eine große Matte braucht man sehr viel Tauwerk, wovon nach ihrer Fertigstellung jedoch etwas übrig bleibt, weil die Matte während der Arbeit zunächst recht locker geflochten und die Lose erst zuletzt herausgeholt wird. Die in Abb. 1372 gezeigte Matte mißt etwa 80 x 65 Zentimeter. Dafür wurden rund 100 Meter Polypropylenleine benötigt – ein Drittel dieser Länge konnte hinterher noch für andere Zwecke verwendet werden.

Man beginnt die Matte gemäß Abb. 1361 A mit einem Auge, das man in die Mitte der Leine schlägt und diese Stelle der besseren Übersichtlichkeit wegen markiert (1371, rot). Dann legt und flicht man mit beiden Tampen weiter, wie in Abb. 1361 B, C, D gezeigt, bis sie sich in E wieder treffen und man mit dem Doppeln anfangen kann. Bei der Matte 1372 sind es neun Dopplungen.

Wichtig ist, daß bei jeder Unterführung der ganze Tampen durchgezogen wird, damit es keine Kinken gibt.

2

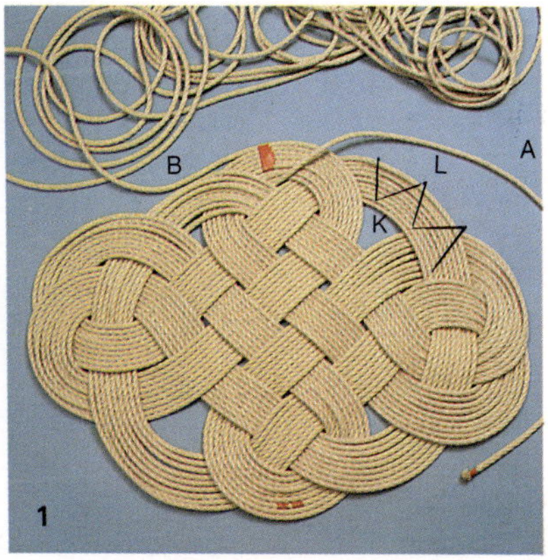

1

Das vermeidet man auch, indem man nicht den Tampen zuerst untersteckt, sondern dicht an der schon „festen" Stelle ein Bucht bildet, diese unterschiebt und den Tampen nachzieht.

Zum Schluß wird alle Lose aus der Arbeit Runde für Runde herausgeholt, bis die Matte geschlossen ist. Übrigbleibende Enden werden abgetrennt und die Tampen mit ihren benachbarten Parten vernäht. Die Matte schließlich gemäß Abb. 1371 rundherum zu vernähen, erfordert einige Mühe, gibt ihr aber einen besseren Halt.

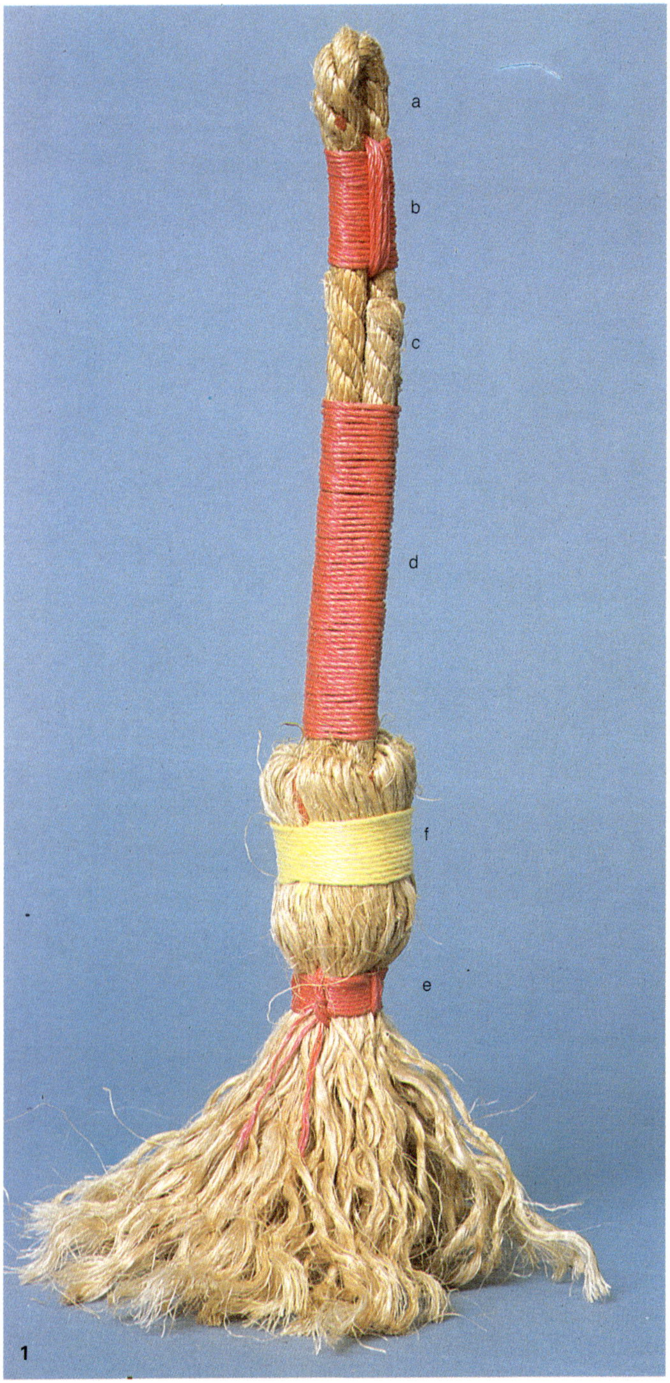

1

Abwaschbürste (1381)

Für diese Bürste werden etwa 37 Zentimeter Manilatauwerk von 8 Millimeter Stärke benötigt. Es wird gedoppelt und die Bucht mit einem genähten Takling festgehalten (1381 a, b). Der größere Teil des Griffs wird gekleedet (d). Die Fasern für die Quaste werden zunächst mit den Enden nach oben auf dem gedoppelten Tau unterhalb der Kleedung mit einem etwa 3,5 Zentimeter breiten Takling befestigt. (Er ist auf der Abbildung nicht zu sehen, da er unter f sitzt). Dann werden die Fasern nach unten umgelegt und bei e mit einem weiteren Takling zu der Quaste zusammengefaßt. Für bessere Festigkeit bekommt die Bürste auch bei f noch einen genähten Takling. Der Griff ist von a bis d etwa 15 Zentimeter lang.

Sternknotenobjekt (1391)

Der Knoten spricht für sich. Macht man gleich über dem ersten Spleißgang im Stahldraht einen Stopperknoten, ist das Resultat eine Art Krone rundherum (b).

Hangobjekte (1392)

Der Grummetstropp bietet vielerlei Spielmöglichkeiten. Das Objekt 1392 A besteht aus 7 schwarzen und 12 roten Stropps und ist 40 Zentimeter lang. Das verwendete Tauwerk hat eine Stärke von 10 Millimetern.
Auch das Objekt 1392 B besteht nur aus Grummetstropps verschiedener Stärken und Farben.

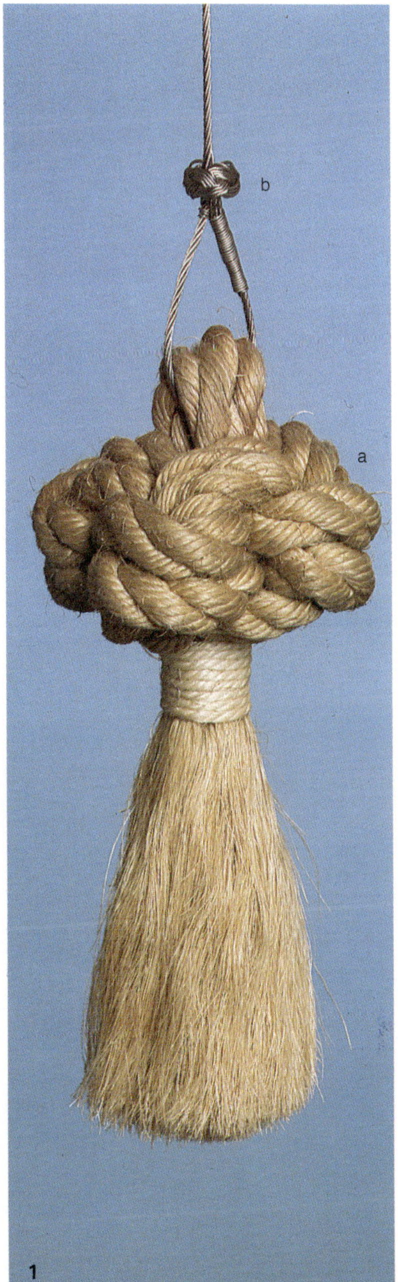

1

2

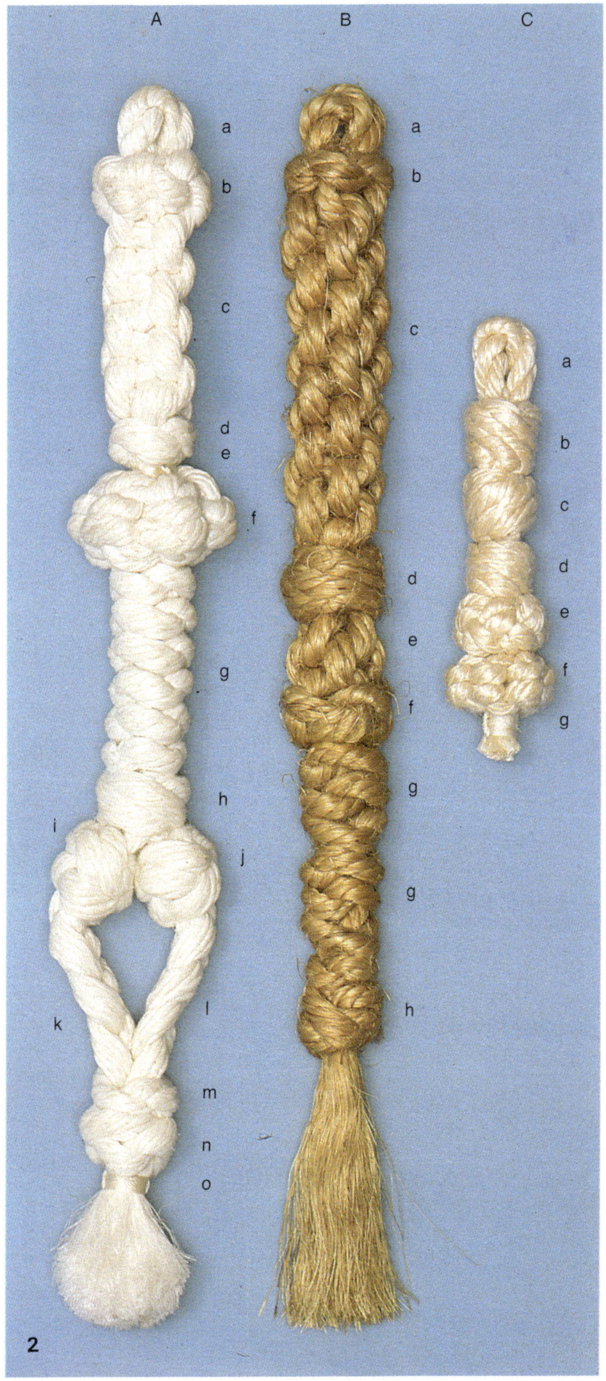

2

Glockenstränge (1401, 1411)

Bei der Schiffsglocke in der Bar des Yachtclubs Haarlem in Holland (1401) wurde zum Anbringen des Strangs statt eines Schäkels ein kleiner Lederstreifen verwendet, der an seinem breiteren Ende einen kleinen Schlitz hat, durch den mit dem anderen, schmaleren Ende ein Schotstek gesteckt wurde. In den Strang Abb. 1402 A wurden folgende Knoten gearbeitet: Bucht (a) – Variation eines Kronenknotens (b) – Kronenknotenplatting um drei Kardeele (c) – Stopperknoten dreikardeelig um den Kern von c (d) – Takling (verdeckt) (e) – Sternknoten sechskardeelig (f) – Stopperknotenplatting dreikardeelig (g) – Schauermannsknoten dreikardeelig (h) – Variation des Kronenknotens dreikardeelig (i + j) – französische Platting dreikardeelig (k + l) – Stopperknoten dreikardeelig (m) – Diamantknoten dreikardeelig (n) genähter Takling (o). Das Material ist weißes Polypropylen von 10 mm Stärke.

Strang 1402 B besteht nach der Bucht (a) aus folgenden Knoten: Stopperknoten (b) – Kronenknotenplatting (c) – doppelter Schauermannsknoten (d) – 2 Kronenknoten (e) – Diamantknoten (f), bis hierhin alle Knoten vierkardeelig – Stopperknotenplatting zweikardeelig, erst um 4, dann um 3, schließlich um 2 Kardeele (g) – doppelter Schauermannsknoten vierkardeelig (h) – Quaste. Material: Manila von 8 Millimeter Stärke.

Schließlich Strang C:

Nach der Bucht (a) drei doppelte Schauermannsknoten sechskardeeling (b, c, d) – Diamantknoten (e) – Sternknoten (f) – genähter Takling (g). Material: cremefarbenes Polypropylen, 8 Millimeter.

Die Stränge der Abb. 1411 sind in ähnlicher Weise hergestellt und zeigen, wie man seiner Fantasie und Kreativität dabei freien Lauf lassen kann.

1

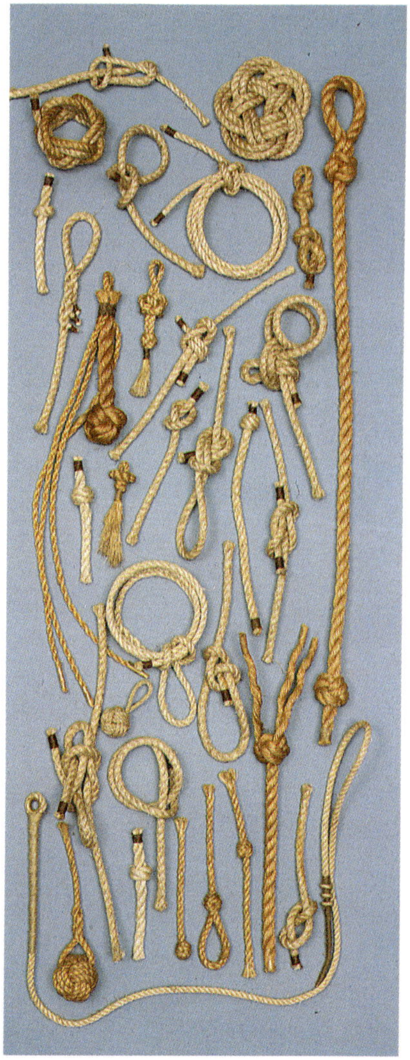

Knotentafeln

Knotentafeln sind ein beliebter Wandschmuck. Mit etwas Geduld und Fantasie läßt sich leicht eine solche Tafel selbst anfertigen.

Runde Knotentafel (1421)

Sie zeigt folgende Knoten: Runde Matte (1) – Kronenspleiß (2) – doppelter Kronenknoten (3) – Diamantknoten aus 2 Tampen (4) – einfacher (5) und doppelter Stopperknoten (6) – Fallreepsknoten mit seitlich austretenden (7) und durch den Knoten gesteckten Kardeelen (8) – Schauermannsknoten doppelt (9) und einfach (10) – Diamantknoten (11) – Affenfaust (12) – Wurfleinenknoten (13) – Achtknoten (14) – Fallreepsknoten (16) – Augspleiß mit Stopperknoten (17) – Grummetstropp (18) – Ananasknoten (19) – Sternknoten (20). Die Umrandung ist ein Türkischer Bund.
Der Durchmesser der Tafel beträgt nur 34 Zentimeter, das verarbeitete Manilatauwerk hat Stärken von 4, 6 und 8 Millimeter.

Dreieckige Knotentafel (1431)

Darauf sind befestigt: Augspleiß (1) – Diamantknoten aus zwei Tampen (2) – Webeleinenstek (3) – Fischerknoten (4) – Achtknoten (5) – zwei doppelte halbe Schläge (6) – Kreuzknoten (7) – zwei falsche halbe Schläge (8) – zwei halbe Schläge (9) – Roringstek (10) – Rundtörn (11) – doppelter Schotstek (12) – falscher Palstek mit einer Bucht (13) – doppelter Trossenstek (14) – Trossenstek (15) – doppelter Fischerknoten (16) – Stopperstek (17) – Kurzspleiß (18) – Kreuzknoten mit beidseitigem Slipstek (19) – doppelter Palstek (20) – Palstek (21) – Schotstek (22) – falscher Palstek aus Achtknoten (23) – Affenfaust (24) – halber Schlag und Wurfleinenknoten (1988). Die Basis der Tafel ist 50 Zentimeter lang, das verarbeitete Tauwerk Manila von 4 Millimeter Stärke.
Abb. 1422 zeigt vielerlei einzelne Beispiele, mit denen sich eine Knotentafel bestücken läßt. Alle Knoten lassen sich nach diesem Buch anfertigen.

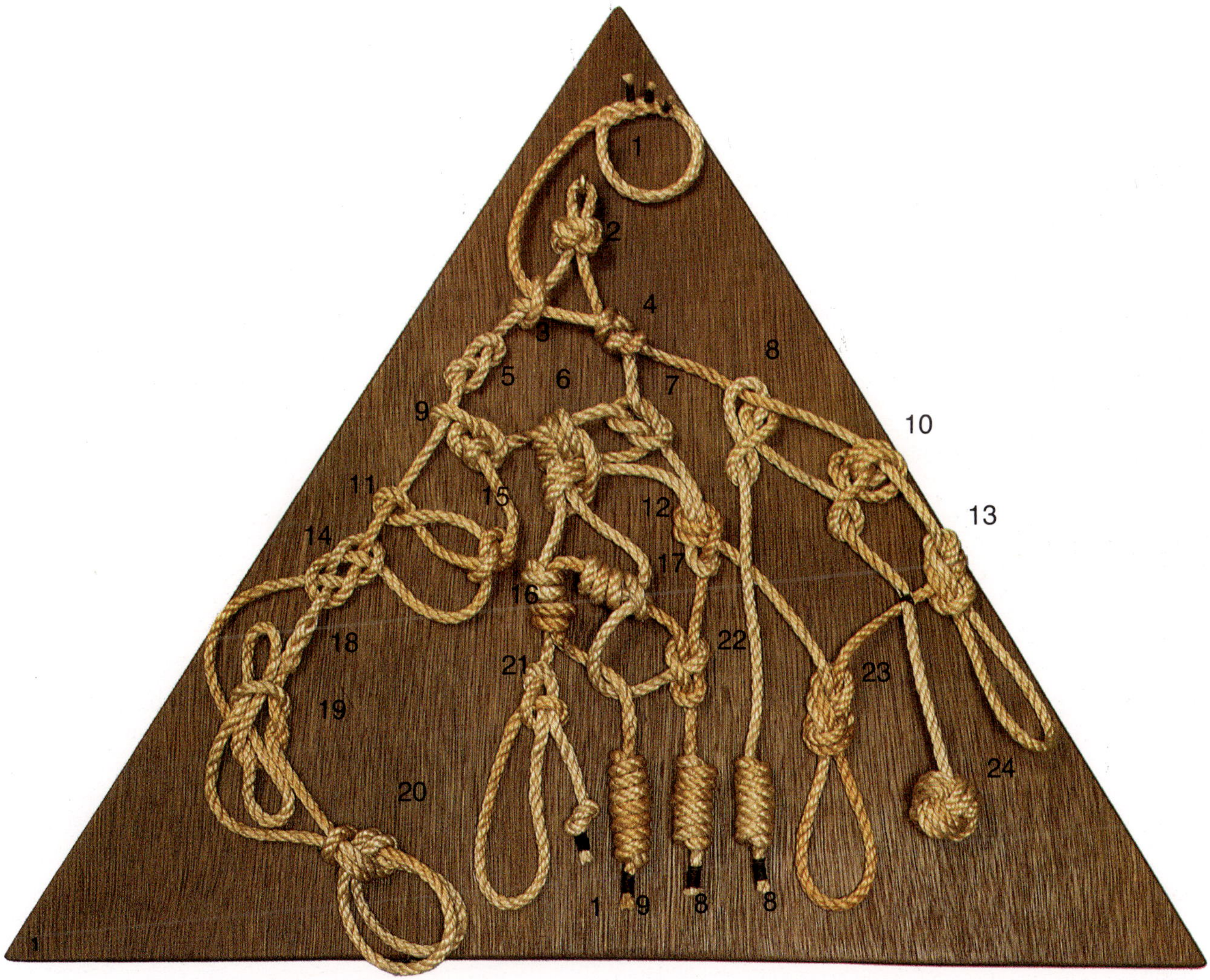

Künstlerisches Fancywork (1441, 1451)

Der geschnitzte, gefeilte und gebohrte Knoten aus Eichenholz (1441) spricht für sich. Daneben liegt das notwendige Werkzeug.
Den Achtknoten in die Flasche zu bringen, erfordert viel Übung und Geduld.

Die Kollage aus Stoff und Tauwerk (1451) symbolisiert den seemännischen Umgang mit Tauwerk. Jahrhunderte hindurch war die Schiffahrt Geburtsort der meisten Knoten und Spleiße und des Fancyworks als Beschäftigung während der Freiwachen. Die Vorlagen für diese schöne Arbeit entstammen dem Buch „Das Schiff“ von Björn Lindström. Der Wandbehang mißt 112 x 115 Zentimeter und wurde 1977 von Sophia Surendonk-Hin, Amsterdam, entworfen und angefertigt.

1

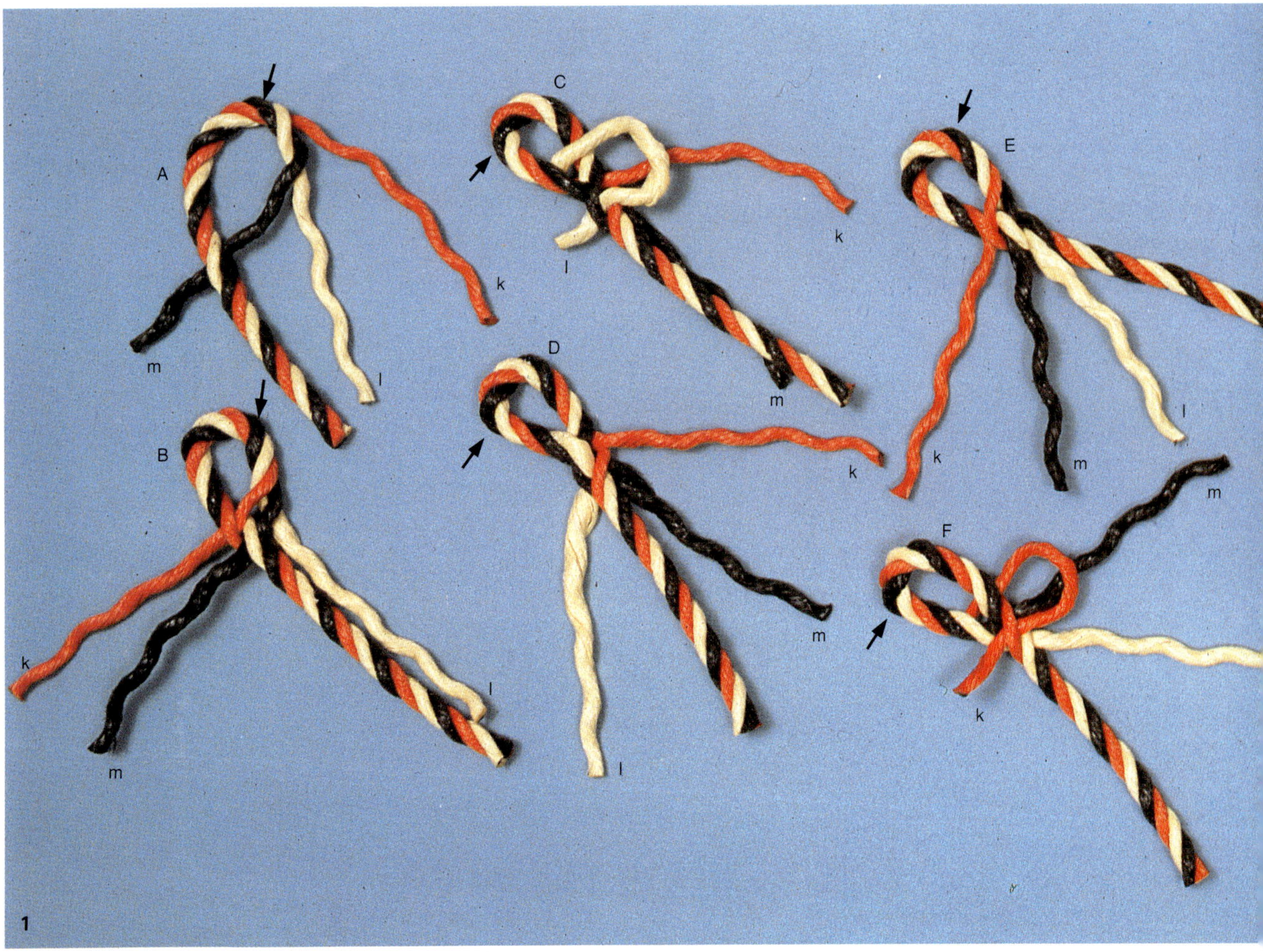

Segelmacheraugspleiß (1461, 1471)

Normalerweise werden beim Spleißen die losen Kardeele gegen die Schlagrichtung der Leine in die Keepen gesteckt. Beim Segelmacherspleiß führt man sie mit dem Schlag unter den festen Kardeelen der Leine hindurch und dreht sie beim weiteren Durchstecken spiralförmig um immer dasselbe feste Kardeel.

Abb. 1461/1471 A: Kardeel m (schwarz) ist durchgesteckt. B: Kardeel k (rot) ist durchgesteckt. C und D: Auf der Rückseite ist Kardeel l (gelb) durchgesteckt. E zeigt den Spleiß von der Oberseite nach dem ersten Durchgang.

F: Kardeel k (rot) führt um das feste Kardeel herum, unter dem es durchgesteckt wurde, und wird ein zweites Mal darunterher geführt. Ebenso wird mit den beiden anderen Kardeelen m (G) und l (H) verfahren. I zeigt den Spleiß nach dem zweiten, J bis L während des dritten Durchgangs und M die fertige Arbeit.

Wer den Spleiß besonders gefällig machen möchte, verjüngt die losen

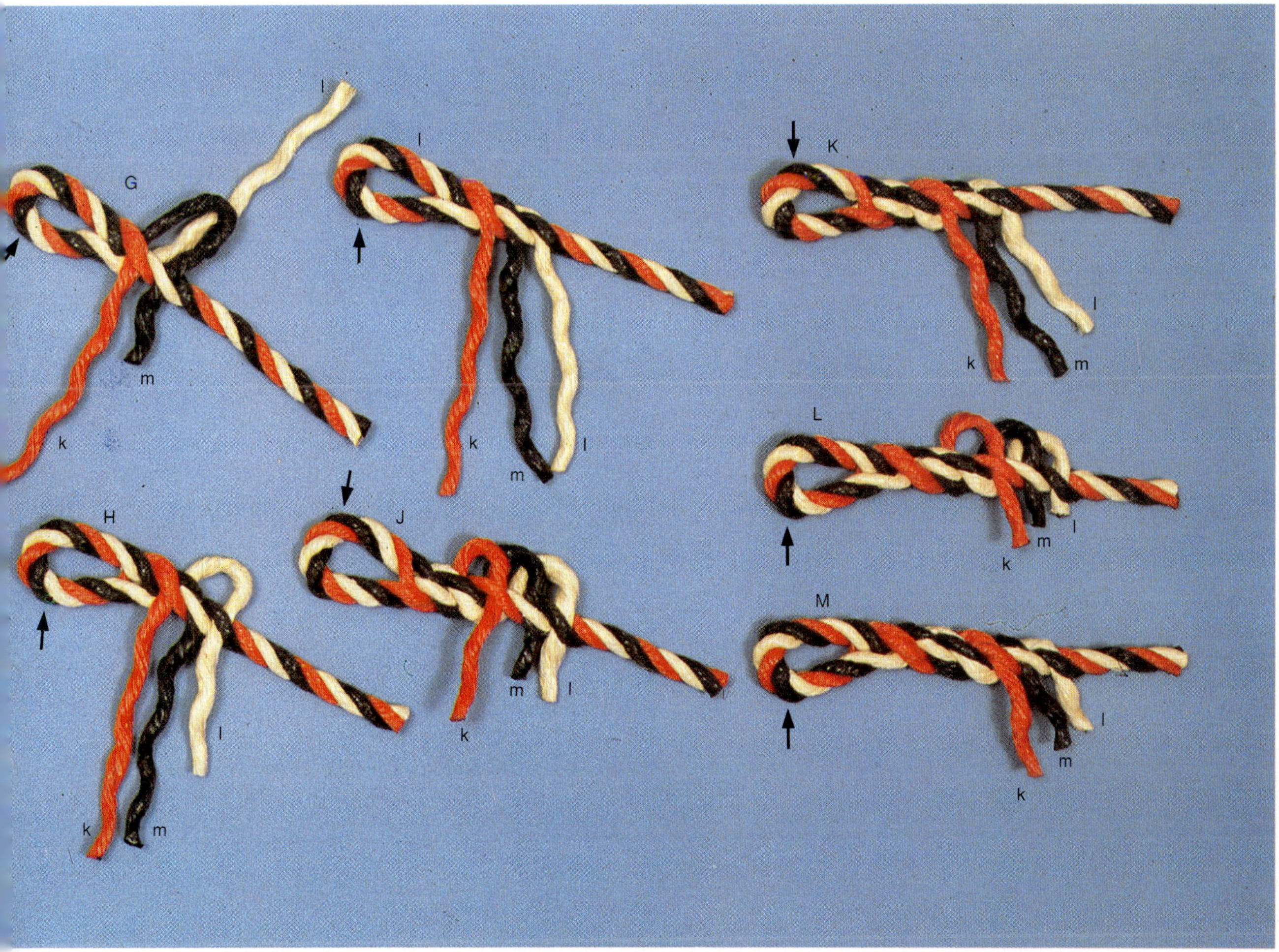

Kardeele vor jedem Durchstecken etwas, und zwar in ihren Innenseiten, so daß mit den äußeren, länger gebliebenen Fasern weitergearbeitet wird.
Dieser Spleiß wird besonders an den Liektauen von Segeln verwendet, wo das Vergrößern des Leinenumfangs durch einen gewöhnlichen Spleiß nicht angebracht ist.

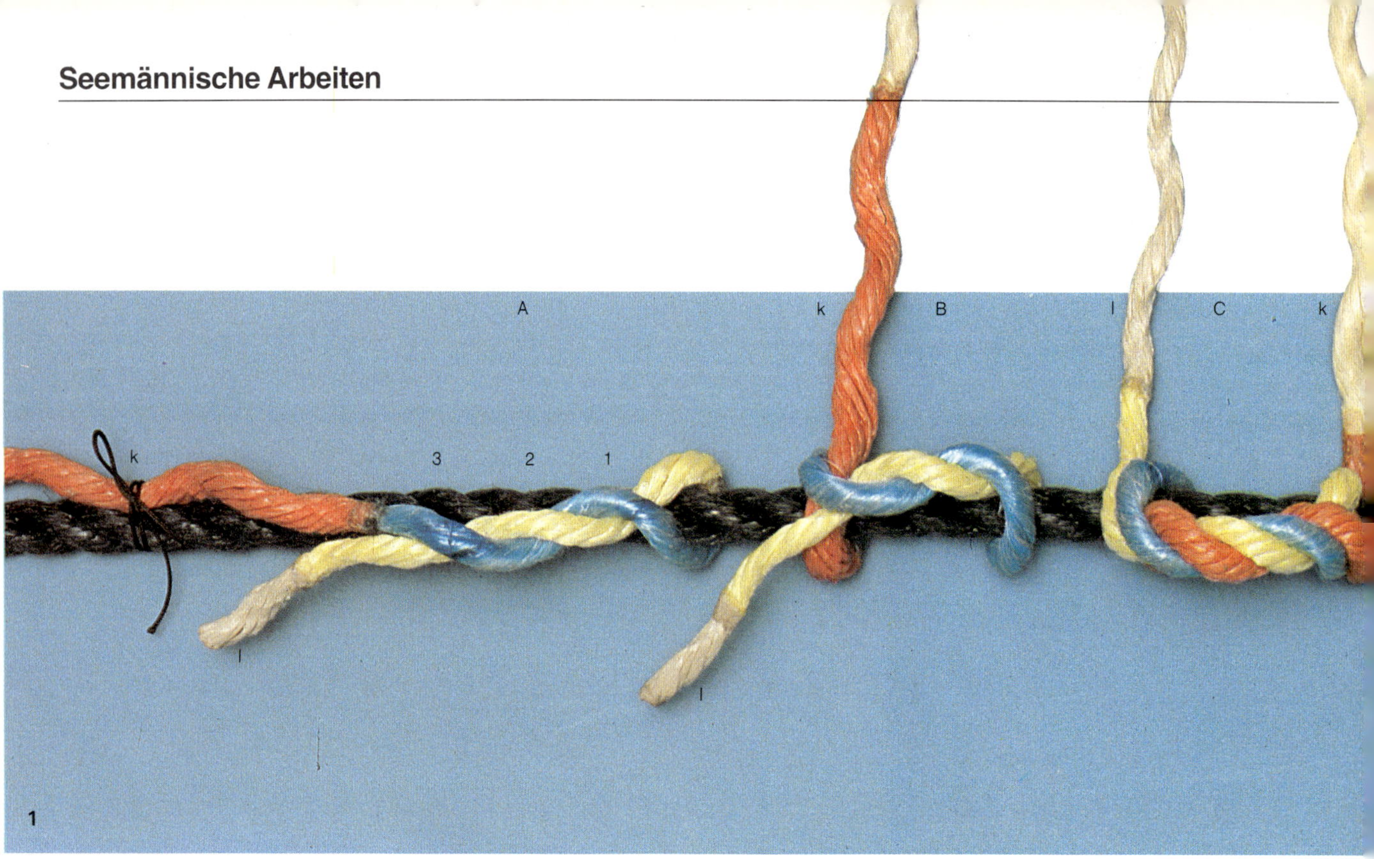

1

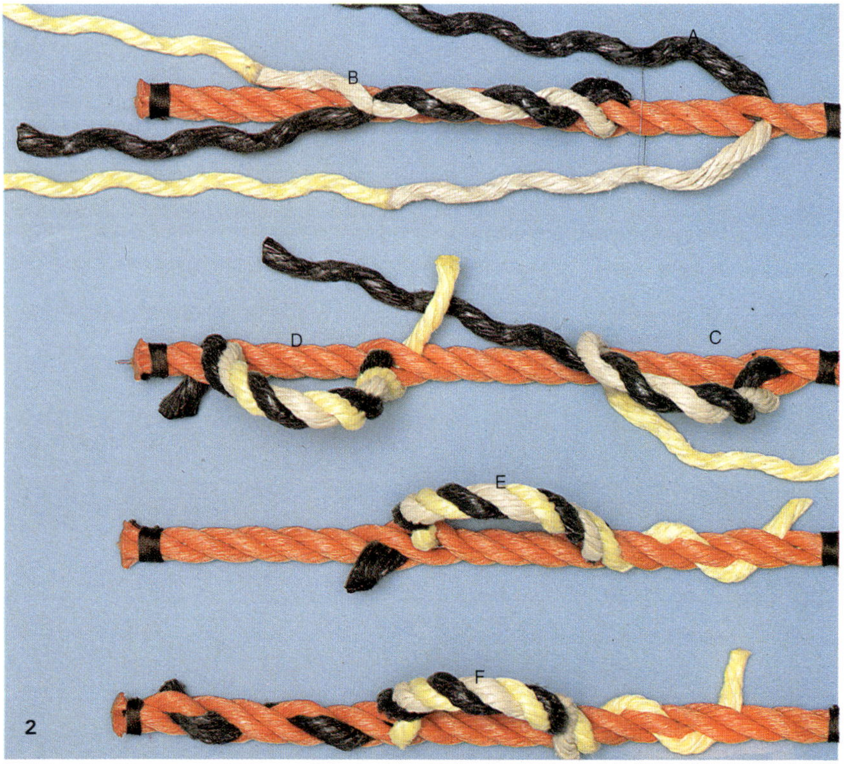

2

Legel (1481, 1482, 1491, 1492)

Legel sind Augen am Liek oder am Rande eines Segels und dienen zum Anschlagen von Leinen zu seiner Bedienung (1492). Sie werden aus nur einem Kardeel gemacht, dessen Länge etwa das Sechsfache des Legels betragen muß.
Das Kardeel wird so unter einem oder zwei Kardeelen des Lieks durchgeführt, das zwei Drittel seiner Länge auf der einen, das restliche Drittel auf der anderen Seite hervorkommen. Dann wird das kürzere Ende (gelb) dreimal um das längere geschlagen (1481 A). Letzteres (rot) wird ebenfalls unter einem oder zwei Liekkardeelen hindurchgeführt, nach einem Törn um das Liek unter sich selbst (blau) durchgesteckt (B k) und parallel zum gelben Kardeel auf die andere Seite geschlagen (C k). Das jetzt linke Kardeel l (manilafarben) wird durch das Liek gesteckt und

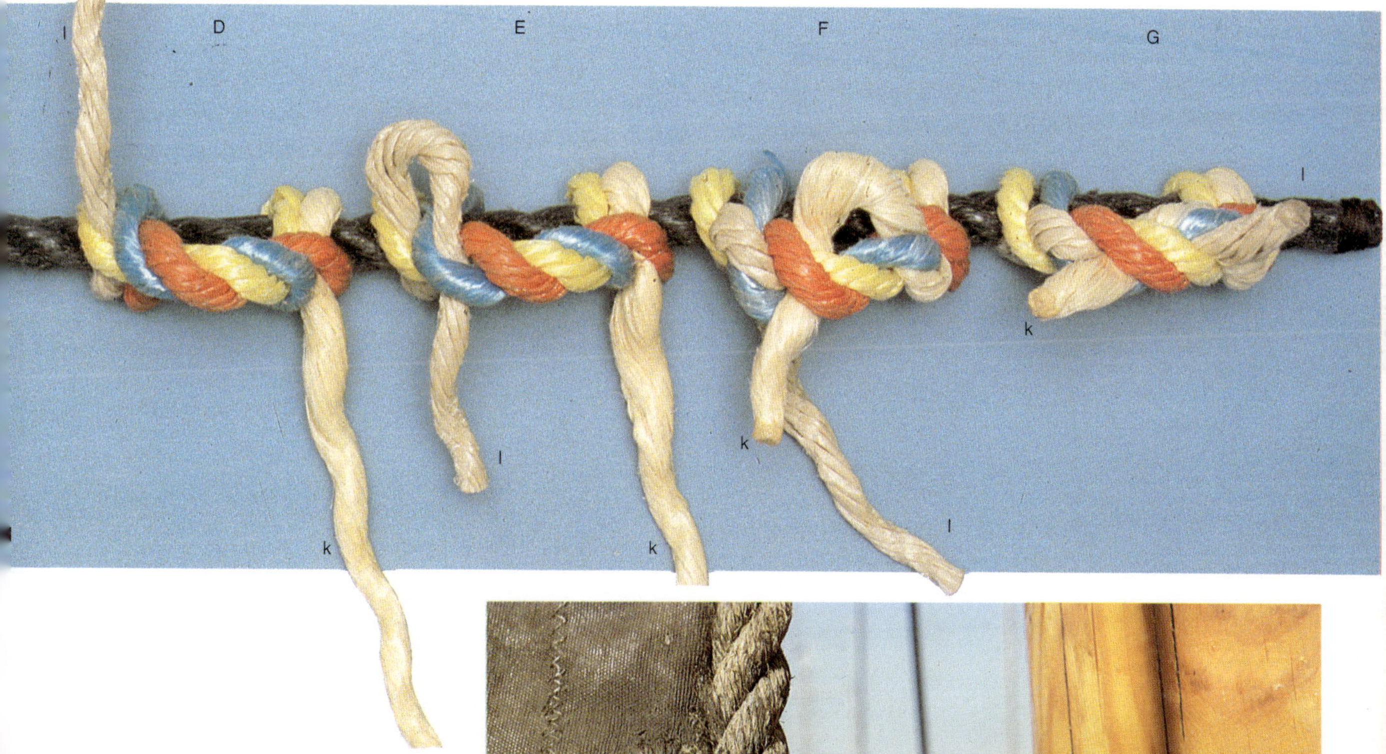

nach einem Törn um das Liek unter sich selbst nach oben geführt (D 1). Anschließend wird es jeweils von oben durch die blau-roten Keepen zur rechten Seite geführt (E l).
Mit dem Kardeel k wird entsprechend von rechts nach links gearbeitet (F k, G k).
Zum Schluß wird mit einem harten Gegenstand das so entstandene Auge so lange geweitet, bis sich alle Kardeele fest ineinander gelegt haben.
Entsprechend groß angelegt und dafür am Anfang mehr als dreimal umeinandergeschlungen, kann solch ein Legel als Handgriff einem Seesack oder der Seekiste ein zünftiges Aussehen geben.

2

Tausendfüßlerplatting (1501, 1502, 1511, 1512)

Um zu verhindern, daß Segel an Wanten oder Stagen schamfilen, werden dort an den entsprechenden Stellen Plattings angebracht. Auf vielen Segelschiffen sind sie noch immer ein probates Schutzmittel und geben ihnen zugleich das Aussehen klassischer Oldtimer. Einen alten Tampen zerschneidet man in Stücke von 15 Zentimetern Länge. Ausgedreht ergeben sie einen ganzen Haufen Kardeele. Wenn der Durchmesser des Tampens zum Beispiel 10 Millimeter betrug, bringen 45 Kardeelstücke 36 Zentimeter Platting, 105 Kardeelstücke 84 Zentimeter. Wickelt man dieses Ende um einen Stahldraht von 13 Millimeter Stärke, dann ist das Resultat ein 24-cm-Platting, spiralförmig gebogen als Klosettbürste zu verwenden.

Zum Anfertigen einer auch „Tausendbein" genannten Platting spannt man eine dünne Leine doppelt zwischen zwei festen Punkten. Dann hält man ein erstes Kardeelstück darunter und führt seine beiden Enden außen herum, von oben und über Kreuz zwischen diesen Leinen nach unten (1501). Hier werden sie gut durchgeholt, damit der Knoten Halt bekommt. Auf diese Weise wird ein Knoten vor den anderen gesetzt und jedesmal eng an seinen Vorgänger geschoben, damit die Platting insgesamt dicht und fest wird.
Sie eignet sich besonders, die Fantasie anzuregen: Wie wäre es mit einem ein- oder mehrfarbigen Ohrring oder einem kleinen Anhängsel an einer Halskette?
Der Knoten selbst ist übrigens identisch mit dem Smyrnaknoten, wie er beim Teppichknüpfen vorkommt. Werden anfangs mehr als zwei „Herzleinen" gespannt, wird die Platting entsprechend breiter. Ein Gürtel oder eine Matte, ebenfalls bunt, können so sehr exklusive Schmuckstücke werden.

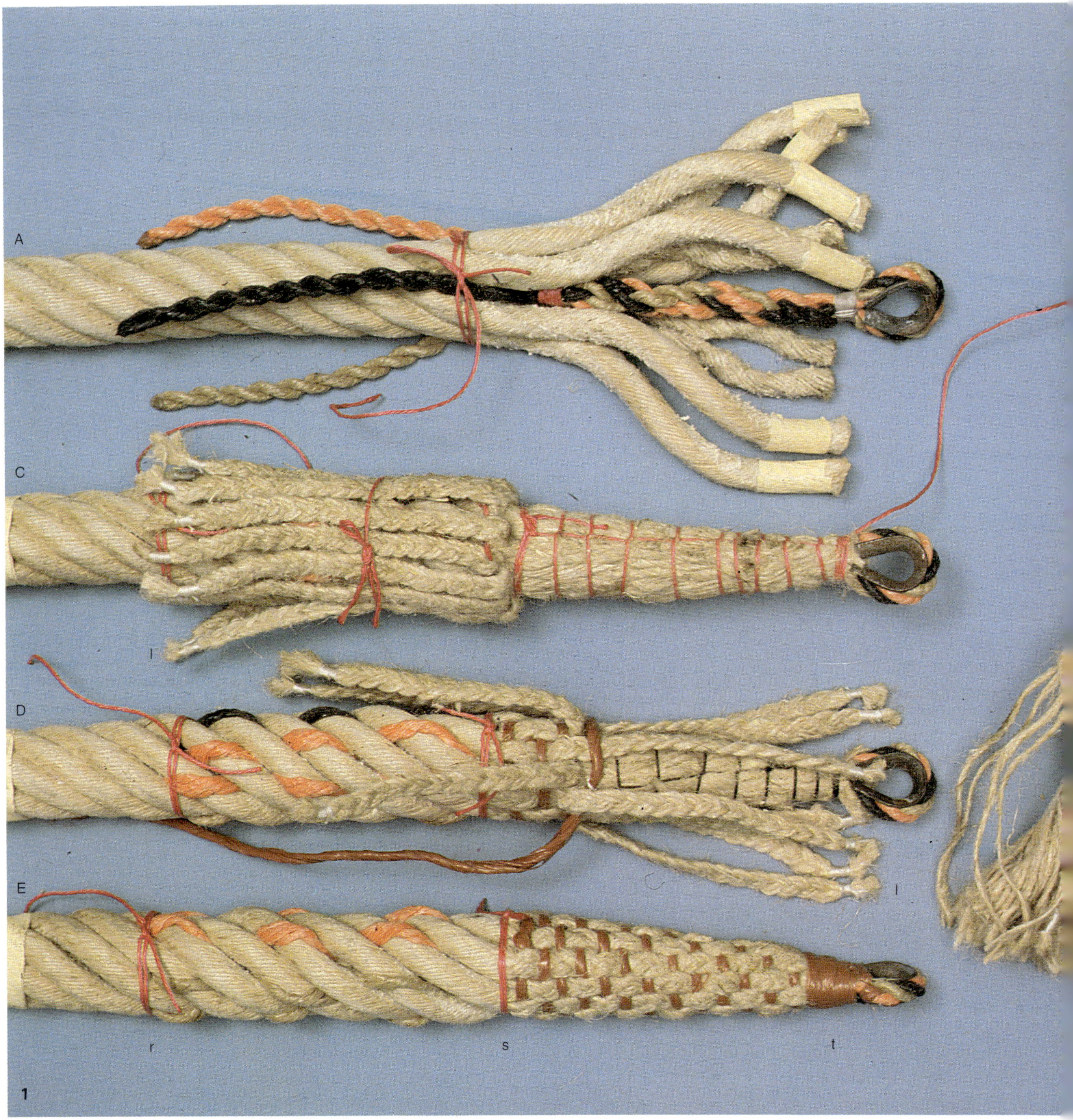
A
C
D
E
r
s
t
1

2

Kabelarring (1521, 1531, 1532)

Als Kabelar bezeichnete man früher ein endloses Tau, in das seitlich von außen Kauschen eingespleißt waren, mit deren Hilfe über das Spill Stück für Stück die Ankertrosse eingeholt werden konnte. Heute sieht man einen Kabelarring manchmal an den Tampen einer Beibootswieling, die so durch eine Spannschraube steifgesetzt werden kann. Abb. 1532 zeigt ein weniger gut gelungenes Beispiel.
Um einen Kabelarring an einem dikken Tau anzubringen, wird zunächst in eine dünnere Leine ein Augspleiß gemacht, in die eine Herzkausch gesetzt wird, die man mittels eines genähten Taklings festzurrt (1521 A). Das Spleißende erhält ebenfalls einen Takling. Der verbleibende Tampen nach dem Spleiß wird aufgedreht und später mit dem dicken Tau verspleißt.
Der dickere Tampen wird auch ein Stück aufgedreht und mit einem Behelfstakling vor weiterem Lösen gesichert (1521 A). Nun werden die losen Kardeele des dünneren zwischen die Kardeele des stärkeren Tampens gelegt und mit diesem normal verspleißt. Abb. 1521 zeigt die Verbindung von drei- und sechskardeeligem Tauwerk). Danach werden die Kardeele des dickeren Tampens aufgedreht, ein Teil der Fasern verjüngend über den Augspleiß gelegt und mit einem Bändsel festgehalten (1521 C). Der größere Teil der Fasern wird zu einer ungeraden Anzahl französischer Plattings geflochten und deren Tampen mit Taklingen gesichert. Diese Plattings werden schließlich in Richtung Auge über den ersten Spleiß gelegt und zu einer Art Paket verschnürt, wie in Abb. 1521 D und E gezeigt. Den Schluß bildet wieder ein breiter Takling (1521 E t).
Die fertige Arbeit in Abb. 1531 F ist zur Verschönerung noch mit drei Türkischen Bunden versehen.

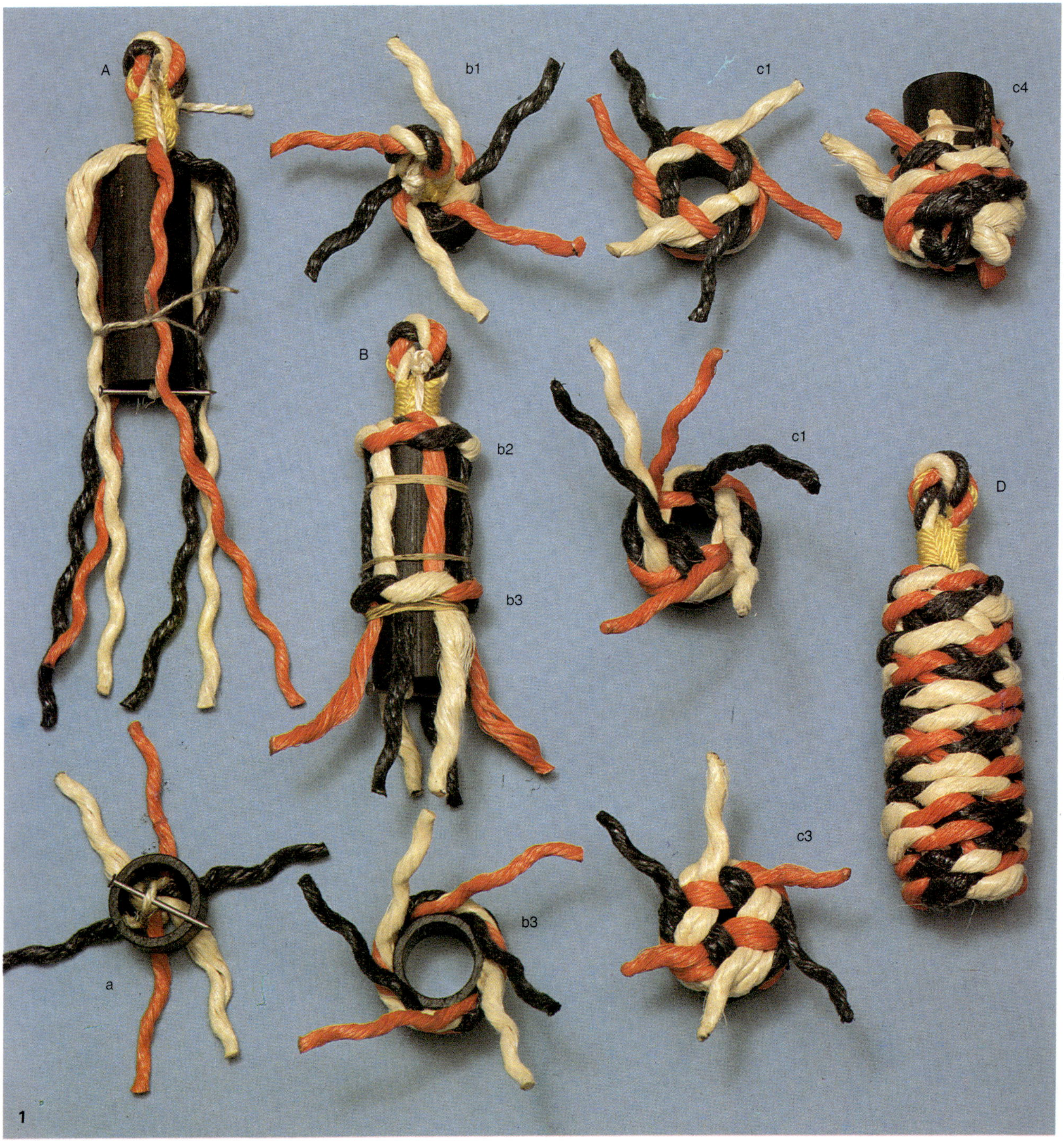
A
b1
c1
c4
B
b2
c1
D
b3
a
b3
c3
1

Fender (1541)

Der Deutlichkeit der Darstellung wegen wurde dieser Fender aus 6 Kardeelen gemacht. Wer das Kissen dikker wünscht, kann für das Auge auch 2, 3 oder mehr Enden nehmen, was mehr Flechtkardeele ergibt. Selbstverständlich ist dann auch ein dickerer Kern erforderlich.
Es gibt viele Materialien, die als Kern verwendet werden können: Altes Tauwerk ist Seemannsart, aber auch Holz, Gummi und andere entsprechende Materialien eignen sich.
Das Ende doppeln, an der Bucht ein Auge bändseln (191) und die Kardeele ausdrehen. Dann wird der Kern steif ins Kreuz der Flechtkardeele gebunden (A, a = von unten gesehen). Die Arbeit beginnt mit einem Kronenknoten (651, 1441 b1, von oben gesehen). Dann folgen lauter Stopperknoten (981) (Bb2), bis man am Ende des Kerns angelangt ist (Bb3, b3, von unten gesehen). An die Unterseite des Kerns kommt wieder ein Kronenknoten (C1), womit man zugleich die Platting steif um den Kern zieht. Der letzte Stopperknoten (C2) und danach der letzte Kronenknoten werden noch gedoppelt, ehe die Tampen zwischen Platting und Kern gesteckt werden (C4). Das Resultat ist ein vollendeter Fender (D).

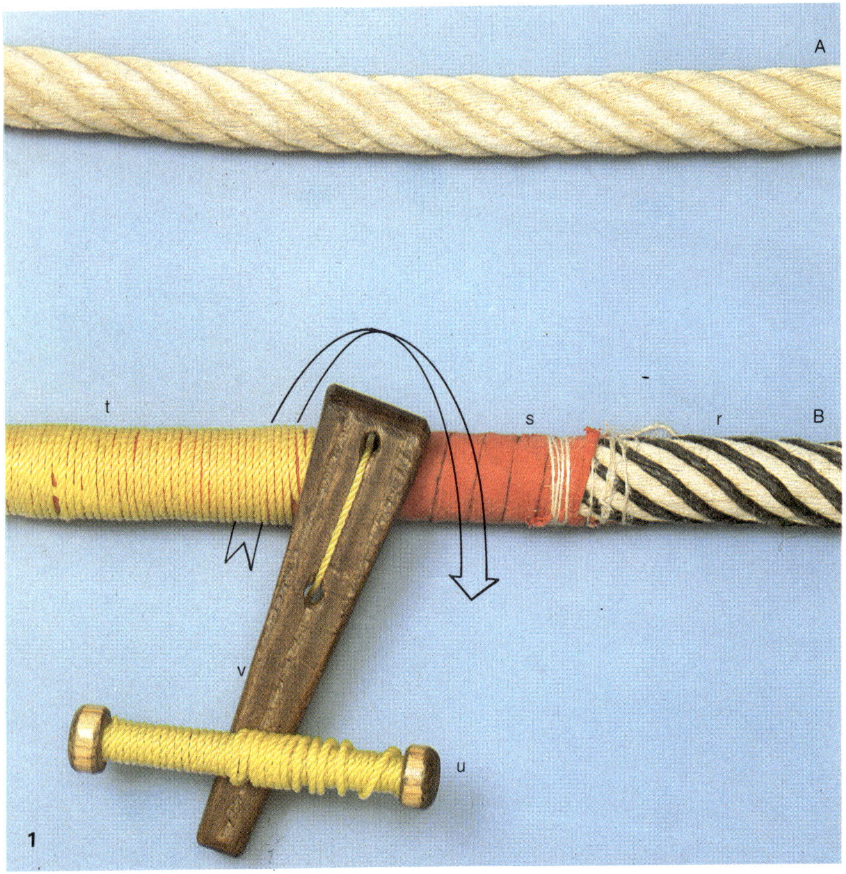

Trensen, Smarten, Kleeden (1561, 1571, 1572)

Das Trensen, Smarten und Kleeden dient dem Schutz von vorwiegend Drahttauwerk gegen Wasser- und Witterungseinflüsse, wenn in Stagen und Wanten Augen eingespleißt wurden. Es kann aber auch als zünftig-seemännischer Schmuck angesehen und bei modernem Fasertauwerk angewendet werden.

Trensen heißt das Ausfüllen der Keepen zwischen den Kardeelen mit Hanfgarn, das das Tauwerk schließt und ihm zugleich eine glattere Oberfläche gibt (1561 B r).

Smarten nennt man das Umwickeln des so bearbeiteten oder über einem Spleiß auch unbearbeiteten Tauwerks in Schlagrichtung der Kardeele mit Segeltuchstreifen (1571), wobei darauf zu achten ist, daß die Windungen sich nach unten hin überlappen, damit von oben kommendes Wasser abgewiesen wird. Die Tuchstreifen können mit Takelgarn festgehalten werden.

Kleeden ist das Umwickeln des Tauwerks nach dem Smarten Törn bei Törn mit Takelgarn. Hierbei nimmt man ein Knebelholz oder einen Kleedspan zu Hilfe (1561 u, v). Je nachdem, wie steif man die Törns durchholt, wird das Ergebnis mehr oder weniger fest. Zu Anfang wird

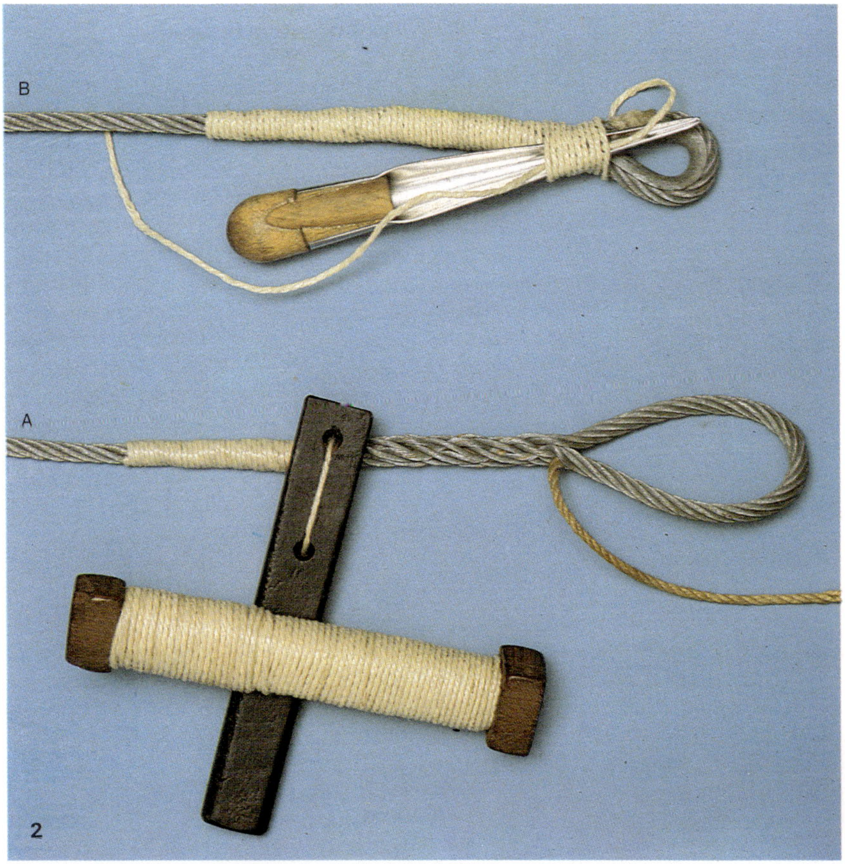

das Garn wie beim genähten Takling (181) oder mit einem Webeleinenstek befestigt. Die letzten Törns werden wie bei einem einfachen Takling (161) gelegt (1572 B). Gearbeitet wird immer vom kleineren zum größeren Umfang des zu kleedenden Tauwerks, damit sich die Törns dicht aneinander fügen.
Wenn diese Bearbeitung des Tauwerks nicht nur schmücken, sondern wirklich schützen soll, wird jeder Arbeitsgang nach Beendigung mit Brauntеer bedeckt.

Sachwortverzeichnis

Achterspring. Eine der Festmachertrossen. Sie läuft in spitzem Winkel vom Heck nach vorn an Land.

Ankerspill. Eine eigens zum Fieren und Holen des Ankers auf dem Vordeck montierte Winsch.

Bändseln. Zwei (gleich starke) nebeneinanderliegende Enden mit Takelgarn umwickeln, so daß sie nicht mehr gegeneinander bewegt werden können.

Betakeln. Einen Takling setzen. Einen Tampen mit Takelgarn umwickeln, um das Aufdrüseln zu verhindern.

Bootshaken. Lange, dünne Stange mit aufgesetztem Beschlag aus Haken und Dorn, um ein Boot abzustoßen oder heranzuziehen.

Bootsmannsstuhl. Sitzbrett, ähnlich dem der Kinderschaukel, neuzeitlich auch Sitzgurt, mit dem ein Mann in den Mast geheißt werden kann.

Decksauge. Ein auf dem Deck mit Schrauben oder durch Schweißen befestigtes Auge aus Metall.

Dolle. Metallgabel auf dem seitlichen Rand ((Dollbord) eines Ruderbootes, in die der (Ruder-)Riemen gelegt wird.

Doppeltgeflochtenes Tauwerk. Tauwerk, bei dem der Mantel als geflochtene Hülle um einen ebenfalls geflochtenen Kern liegt.

Ende. Tau, mit Ausnahme sehr dicker Taue, die Trossen heißen.

Faden. Altes seemännisches Längenmaß, 1 Seemeile = 100 Faden, 1 Faden = 1,852 Meter = 6 Fuß.

Fall. Ein Ende des laufenden Gutes, mit dem ein Segel geheißt oder geborgen wird.

Fender. Ein elastischer, länglich runder oder kugelförmiger Gegenstand, der die Schiffsaußenhaut gegen Schrammen und größere Beschädigungen schützen soll. Er besteht entweder aus einem unter geringem Druck stehenden Kunststoffzylinder oder -ballon oder aus einem mit Schaumstoff oder Korkmehl gefülltem Segeltuchsack. Auch gibt es geflochtene Fender aus Tauwerk mit oder ohne Kern.

Fenderleine. Ein kurzes Ende, das mit einem Spleiß oder einem Knoten am Fender befestigt wird, um diesen an die Bordwand des Bootes zu hängen.

Geflochtenes Tauwerk. Tauwerk, bei dem die Kardeele nicht geschlagen, sondern zu einem meist hohlen Ende geflochten worden sind. Die Gefahr, Kinken zu schlagen, ist sehr gering.

Genua. Großes Vorsegel, dessen Schothorn (hintere Ecke des Segels) bis weit hinter den Mast reicht.

Gütsche. Hohlbeitel des Holzschnitzers.

Hahnepot. Kurzes Tau-, Draht- oder Kettenstück, das mit beiden Tampen an einer Last (z. B. Gaffel) angreift, um die Kraft zu verteilen.

Hummer. Verdickung im Masttop alter Segelschiffe zur Fixierung der Wanten und Stage.

Jungfernblock. Jungfer. Ein kreisförmiger Block aus Hartholz mit einer Einkerbung über dem Umfang und drei oder mehr axialen Löchern. Zwei Jungfern ergeben ein Taljereep, mit dem die Wanten auf alten Segelschiffen steifgesetzt werden konnten.

Keep. Zwischenraum zwischen zwei Kardeelen beim Tauwerk.

Kern. Geflochtenes oder geschlagenes Tau als zentrale Seele in doppeltgeflochtenem oder 4-kardeelig geschlagenem Tauwerk.

Kevlar. Der letzte Schrei in der Segelmode. Ein besonders leichtes und reckfreies Kunstfaserprodukt.

Kink. Unerwünschte, durch den Drall im Tauwerk entstandene Törns oder Rundtörns. Drahttauwerk kann durch Kinken irreparabel beschädigt werden.

Kausch. Ein kreis- oder tropfenförmiger Ring (Herzkausch) aus Metall, Holz oder Nylon, der die Innenseite eines Auges verstärkt und vor Schamfilen schützt. Damit sie nicht herausfällt, muß das Auge stramm um die Kausch gespleißt oder gebändselt werden.

Klappläufer. Einfache Talje, bei der die Wirkung der angewandten Kraft verdoppelt wird.

Klüse. Öffnung im Schiffsbug, durch die die Ankerkette oder eine Trosse läuft.

Klüver. Vor(stag)segel, das vor der Fock oder Genua gefahren wird.

Königsspeiche. Speiche des Steuerrades, die senkrecht nach oben steht, wenn das Ruder mittschiffs liegt.

Laufendes Gut. Alles Tauwerk, das beweglich ist und über Blöcke, Scheiben und dergleichen läuft (Fallen, Schoten, Dirken, Flaggleinen usw., aber nicht Backstagen). Das laufende Gut dient zum Setzen, Bergen und Bedienen der Segel.

Leitwagen. Schotleitwagen. Ein querschiffs an Deck mit einem Ring auf einem Bügel oder mit einem Rollengestell (Schlitten) auf einer Schiene laufender Schotblock.

Lifebelt. Sicherheitsgurt des Seglers, um Über-Bord-Fallen zu verhindern.

Mantel. Die geflochtene Außenhülle von Flechttauwerk.

Marlen. Befestigen des Segels am Baum und an der Gaffel mit dem Marlstek.

Marlschlag. Ein Knoten in einer langen, dünnen Leine, der Marlleine, der dem halben Schlag ähnelt.

Nock. Ende eines Rundholzes (nicht beim Mast).

Part. Teilstück eines Läufers (Endes), einer Talje zwischen den Blöcken oder das Ende zum Holen. Eine Talje hat eine stehende und eine holende Part und mehrere laufende Parten.

Patentschäkel. Aufklappbarer Schäkel, dessen beweglicher Bügel sich mit einem federnden Bolzen (auch unter starker Zugbeanspruchung) öffnen läßt.

Pinne. Ruderstock zum Steuern eines Bootes.

Pockholz. Sehr hartes tropisches Holz aus Mittel- und Südamerika mit hohem Harz- und Fettgehalt. Früher wurden Ruderkoker und Scheiben von Blöcken daraus hergestellt.

Pütz. Eimer mit einem Stropp zum „Aufschlagen" (Heraufholen) von Wasser außenbords.

Reffbändsel. Kurze Enden Tauwerk In einer Reihe parallel zum Unterliek liegender Reffgattchen (Ösen), mit denen der gereffte Teil des Segels zusammengebunden wird. Hierbei wird der Kreuzknoten angewandt.

Reffen. Verkleinern der Segelfläche, um sie dem herrschenden Winddruck anzupassen.

Rundbändsel. Eine größere Anzahl sehr fest angeholter Rundtörns mit dünnem Tauwerk oder Garn um zwei parallelliegende Enden (siehe „Bändseln").

Rundholz. Alle „Stangen" an Bord (auch nichthölzerne) wie Masten, Bäume, Spieren, Bugspriet.

Rundtörn. Windung mit einem Ende rund um einen Gegenstand, Pfahl, Poller, durch einen Ring, um ein anderes Ende.

Schäkelöffner. Werkzeug, mit dem Schäkelbolzen gelöst und angezogen werden können.

Schamfilen. Scheuern und Reiben von Tauwerk und Segeln an anderen Gegenständen.

Schot. Laufendes Ende an einer unteren Ecke (Schothorn) eines Segels, um dieses dem Wind und Kurs entsprechend stellen zu können.

Schmeerreep. Ende am Baum eines Segels, mit dem die Reffkausch am Achterliek (hintere Kante) auf den Baum heruntergeholt wird.

Spinnakerbaum. Rundholz, mit dem das luvwärtige Schothorn des Spinnakers „ausgebaumt" wird. Die andere Nock ruht in einem Spinnakerbaumbeschlag am Mast.

Stag. Stahldraht, mit dem der Mast nach vorne und nach hinten abgestützt wird. Stage zählen zum stehenden Gut (siehe „Laufendes Gut").

Stagreiter. Eine Art „Karabinerhaken", der in regelmäßigen Abständen am Vorliek angebändselt ist und zum Setzen des Segels am Vorstag eingehakt wird.

Stehende Part. Siehe „Part".

Takel. Eine schwere Talje.

Talje. „Flaschenzug", Anordnung von Blöcken mit durchgeschorenem Ende zur Kraftersparnis. Diese richtet sich nach der Anzahl der Parten.

Taljereep. Ein kurzes Ende leichten Tauwerks, mit dem stehendes Gut steifgesetzt werden kann.

Tampen. Die beiden Endstücke eines Taues (Endes), eines Kardeels oder eines Garns.

Verholen. Ein Schiff von einem Liegeplatz zum anderen bringen.

Verholklüse. Öffnung, Durchführung im Schanzkleid am Bug, durch das eine Trosse geführt wird (auch Festmachertrosse).

Vorspring. Eine der Festmachertrossen eines Schiffes, sie läuft in spitzem Winkel vom Vorschiff nach achtern an Land.

Wanten. Stahldrähte, mit denen der Mast seitlich abgestützt wird.

Webeleinen. Waagerechte Verbindungsleinen zwischen zwei oder mehreren Wanten, die die Funktion von Leitersprossen haben, um in den Mast zu entern.

Wieling. Rund um ein Boot laufendes, sehr starkes Ende zum Schutz der Bordwand und des Decksrandes.

Zeising. Zeiser, Streifen aus Segeltuch, mit dem ein geborgenes Segel zusammengehalten wird.